Inhalt

AF771700

Eine Fachmappe oder ein Heft führen

?

Du hast es sicherlich inzwischen gemerkt, dass ein gut geführtes Heft oder eine Mappe für dich in jedem Unterrichtsfach von großer Bedeutung ist. Denn für dich ist dein Heft oder deine Mappe die wichtigste Grundlage, um dich auf Klassenarbeiten oder andere Prüfungen vorzubereiten. Eine Fachmappe oder ein Heft ist aber auch ein wichtiger Leistungsnachweis. In der Regel kannst du in jedem Fach deine Mappe oder dein Heft bis etwa vier Wochen vor den Zeugnissen abgeben, damit die Leistung deiner Heftführung für deine Zeugnisnote berücksichtigt wird. Und dir hierfür eine gute Note zu sichern, ist nicht sehr schwierig, erfordert aber etwas Disziplin.

! So gehst du vor

Die äußere Form

- Beschrifte deine Mappe/dein Heft mit dem Fach, deinem Namen und deiner Klasse.
- Bei der Form einer Mappe ist noch Folgendes zu beachten:
  - Gestalte das erste Blatt deiner Mappe u. U. als Deckblatt.
  - Beginne mit dem zweiten Blatt ein Inhaltsverzeichnis. Ergänze es regelmäßig, wenn du etwas Neues eingeheftet oder aufgeschrieben hast. Gib auf jeden Fall alle schriftlich angefertigten Hausaufgaben an!
  - Hefte alle Blätter in der richtigen Reihenfolge ab. Nummeriere alle nach dem Inhaltsverzeichnis folgenden Seiten. (Zunächst mit Bleistift, denn dann kannst du sie noch nachträglich korrigieren, und erst vor der Abgabe der Mappe mit Tinte.)

Gestaltung der einzelnen Seiten

(6)

(1) Funktion des Mikroskops — 25.1.18 MS

Ein Lichtmikroskop arbeitet wie zwei kombinierte
(2) Lupen: Die Lichtstrahlen, die vom Objekt kommen, gelangen zunächst durch das Objektiv, wodurch
(3) eine erste ~~Vergrösserung~~ Vergrößerung des Objektbildes entsteht. Das Okular vergrößert dieses Bild ein zweites Mal. Ein scharfes Bild entsteht bei einem bestimmten Abstand zwischen Objektiv und Objekt, deshalb verändert man diesen Abstand mit dem Triebrad[1], welches den Mikroskoptisch nach oben bzw. nach unten bewegt.

(4) (6)

Weg der Lichtstrahlen durch ein Lichtmikroskop — 27.1.18 HA

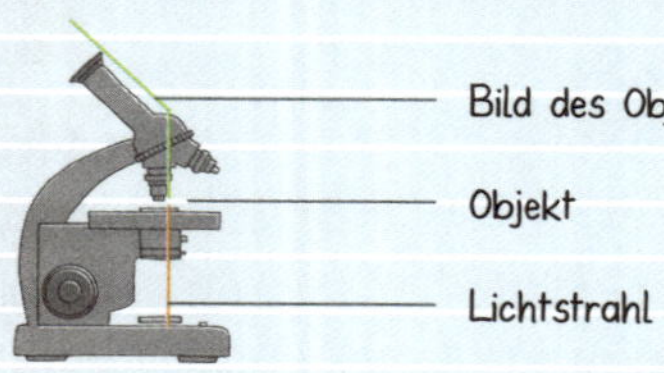

(5) **Merke:**
Alle lichtdurchlässigen Teile des Mikroskops sind sehr empfindlich, müssen absolut sauber sein und vor jeder Verschmutzung bzw. Beschädigung geschützt werden!

(7) (8)

1 großes Rad für große Abstände, kleines Rad für Feineinstellung

19

Texte

- für jedes neue Thema eine neue Seite beginnen
- über zusammengehörende Texte, Zeichnungen usw. eine Überschrift schreiben und mit Lineal unterstreichen (1)
- wichtige Wörter mit Lineal unterstreichen (2)
- Ungültiges sauber mit einem Linealstrich durchstreichen (3)
- vor einer neuen Überschrift oder einem neuen Eintrag zwei Zeilen frei lassen (4)

Merksätze

- Überschrift: **Merke:**
- mit Lineal einen farbigen Rahmen um den Merksatz ziehen (5)

Rand

- innerer Rand: ca. 3 cm für Heftung
- äußerer Rand: ca. 4 cm für Datum und Arbeitskürzel
- jeden neuen Eintrag am Außenrand mit Datum und Arbeitskürzel (MS für Mitschrift, HA für Hausaufgabe) versehen (6)

Einfügungen

- Fußnote (1) setzen, wo etwas eingefügt werden soll
- am unteren Blattrand einen kurzen Strich ziehen (7)
- Fußnote mit zugehöriger Einfügung notieren

Seitenzahl (8)

Übung

Die wichtigsten Kriterien findest du hier als Checkliste zusammengefasst. Du kannst eine solche Checkliste z. B. direkt auf der Innenseite deines Heftdeckels einkleben oder mit in deine Mappe heften. So kannst du, bevor du deine Mappe oder dein Heft abgibst, prüfen, welche Kriterien du erfüllt hast, und diese in den Kästchen am Ende jeder Zeile abhaken.

Checkliste Heft-/Mappenführung	
Die äußere Form	✓
Heft/Mappe mit Fachbezeichnung, Name und Klasse beschriftet	
Deckblatt angefertigt	
vollständiges Inhaltsverzeichnis angelegt	
alle Arbeitsblätter, Mitschriften, Hausaufgaben in der richtigen Reihenfolge und beim richtigen Thema sinnvoll eingeheftet	
Zusatzmaterialien, z. B. Arbeitsblätter, bearbeitet und sinnvoll zum Thema eingeheftet/eingeklebt	
eine ansprechende äußere Form der Gestaltung eingehalten	
leserlich geschrieben	
Rechtschreibung beachtet	
Gestaltung einzelner Seiten	✓
Rand gelassen	
Datum der zugehörigen Unterrichtsstunde auf dem Rand notiert	
unter dem Datum MS oder HA notiert	
drei oder vier Kästchen bzw. zwei Zeilen Abstand zwischen Unterrichtsmitschrieb und Hausaufgabe frei gelassen	
Mitschriebe und Hausaufgaben mit sinnvollen Überschriften versehen	
die Überschriften mit Lineal unterstrichen	
neue Seite nur bei voller Seite oder neuem Thema angefangen	
Seiten nummeriert	
Weitere, von der Fachlehrerin oder dem Fachlehrer gestellte Kriterien: ____________________	
____________________	
____________________	

Abbildungen beschriften

?

Um zu verstehen, wie z. B. ein Gerät, ein Modell oder eine Versuchsanordnung aufgebaut ist, kannst du lange Gebrauchsanweisungen lesen. Viel anschaulicher ist oft eine Abbildung mit entsprechender Beschriftung. Damit kannst du alles Wichtige leichter nachvollziehen. Das gelingt allerdings nur, wenn die Beschriftung eindeutig formuliert sowie übersichtlich und unmissverständlich angeordnet ist.

! So gehst du vor

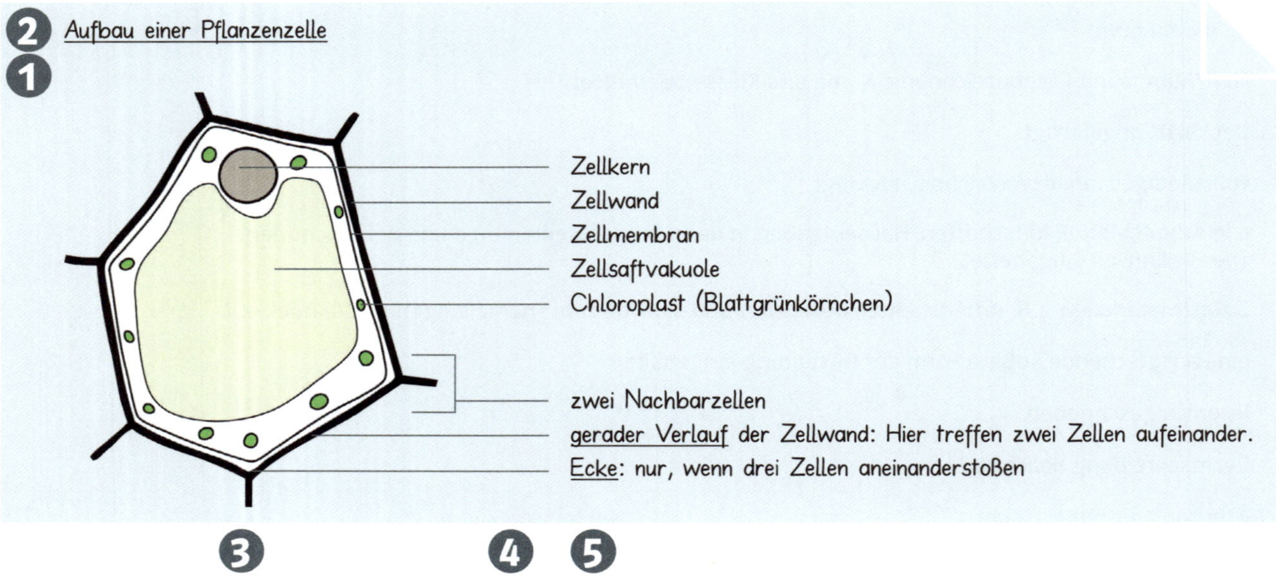

Gestaltungselemente

Abstand

- Lasse zwischen Abbildung und Text mindestens zwei Zeilen oder drei bis vier Kästchen als Abstand frei.
- Lasse zwischen Überschrift und Abbildung mindestens eine Zeile frei. ❶

Überschrift/Unterschrift

- Sie muss immer vorhanden sein.
- Fasse in ihr in Kurzform zusammen, worum es in der Abbildung geht.
- Hebe sie – z. B. durch Unterstreichung – immer deutlich hervor! ❷

Abbildung, Skizze

- Fertige die Skizze möglichst groß (ca. 1/3 – 1/2 Seite) an, damit alle Einzelheiten gut erkennbar sind und die Beschriftung leicht zuzuordnen ist, oder wähle eine entsprechend große fertige Abbildung.
- Platziere sie so weit links auf deinem Papier, dass du die Beschriftung möglichst komplett rechts anlegen kannst. ❸

Zeigestriche

- Lege die Zeigestriche immer mit Lineal an.
- Verbinde das Beschriftungswort immer waagerecht mit dem zugehörigen Teil der Abbildung. ❹
- Achte darauf, dass sich die Zeigestriche möglichst nie überkreuzen.
- Ziehe die Zeigestriche etwa 2 cm über den weitesten Punkt der Abbildung hinaus.
- Lasse alle Zeigestriche bündig etwa ½ cm vor der Beschriftung enden.
- Beende den Zeigestrich am anderen Ende unmissverständlich an der gemeinten Stelle, wenn es geht mit einem Zeigepunkt.

Beschriftung

- Niemals Beschriftungen in die Abbildung schreiben!
- Lasse etwa ½ cm (ein Kästchen) zwischen Zeigestrich und Beginn des Beschriftungswortes frei.
- Notiere alle Beschriftungswörter mit dem ersten Buchstaben genau untereinander (bündig). ❺

Übung

Beschrifte die Bestandteile des abgebildeten Lichtmikroskops nach den Regeln, die du gerade kennengelernt hast. Benutze die nachfolgenden Begriffe:

- Tubus
- Objektträger
- Lichtschalter
- Mikroskoptisch
- Objektiv
- Irisblende
- Kondensor
- Okular
- Fuß
- Lampe
- Triebrad
- Revolver
- Farbfilterring

TIPP

Solltest du die Bedeutung eines hier vorkommenden Begriffes nicht kennen, dann kläre seine Bedeutung z. B. mithilfe des Internets.

→ „IM INTERNET RECHERCHIEREN", S. 31

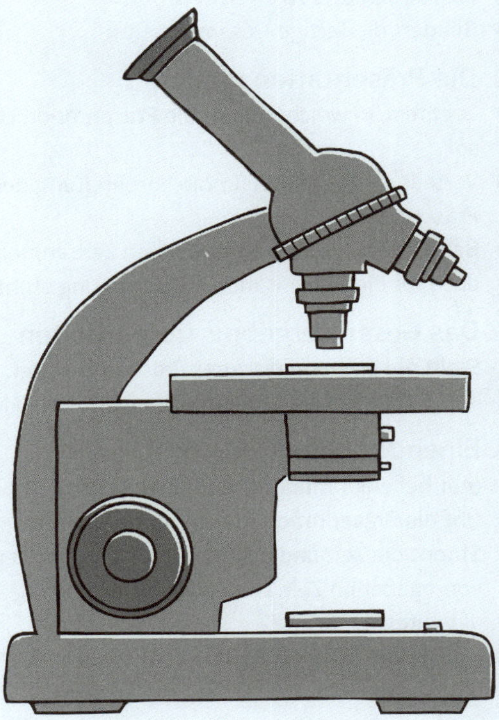

In der Gruppe arbeiten

?

Gruppenarbeit bietet sich in der Schule in allen Fächern immer dann an, wenn in ein Ergebnis viele verschiedene Ideen oder Meinungen einfließen sollen oder wenn die Aufgabe sehr umfangreich und in der zur Verfügung stehenden Zeit allein nicht zu bewältigen ist.

! So gehst du vor

Grundregeln

1. Für jede Gruppenarbeit gilt, dass Beschlüsse und zugeteilte Arbeiten von jedem Teilnehmer bestmöglich und verbindlich zum vereinbarten Zeitpunkt umgesetzt werden.
2. Die Aufgaben werden gleichwertig an alle verteilt.
3. Bei den Besprechungen in der Gruppe halten sich alle an die Gesprächsregeln.
   → „GESPRÄCHE FÜHREN", S. 8
4. Für jede Besprechung werden eine Gesprächsleiterin/ein Gesprächsleiter und eine Protokollantin/ein Protokollant bestimmt.
5. Über jede Sitzung wird ein Protokoll geführt und an alle Gruppenmitglieder weitergereicht.
   → „PROTOKOLLBOGEN GRUPPENARBEIT", S. 7

Phasen der Gruppenarbeit

1. Die Gruppenarbeit planen

- Klärt den euch zur Verfügung stehenden Zeitrahmen und notiert das Datum der Abgabe.
- Klärt euren genauen Arbeitsauftrag bzw. das genaue Thema.
  → „AUFGABENSTELLUNGEN ERFASSEN", S. 14
- Legt euer Arbeitsziel fest.
- Entscheidet, welche Teilaufgaben notwendig sind.
- Verteilt die Aufgaben.
- Erstellt einen Zeitplan. Berücksichtigt dabei auch:
  - Termine für Zwischentreffen,
  - Termine, bis zu denen Teilergebnisse zur Vorbereitung des nächsten Treffens an alle Gruppenmitglieder erfolgt sein sollten (z. B. per E-Mail).
- Tauscht Telefonnummern und E-Mail-Adressen. Erstellt u. U. eine Arbeitsgruppe in einem der sozialen Netzwerke; achtet dabei aber auf die Einhaltung der nötigen Sicherheitsvorkehrungen.

2. Teilaufgaben/Teilthemen bearbeiten

- Erarbeitet die Teilaufgaben entsprechend eurer Entscheidung in Einzelarbeit oder gemeinsam.
  → „KOMPLEXE AUFGABEN LÖSEN", S. 44

3. Die Teilergebnisse zusammenfügen

- Die Spezialisten der Teilthemen informieren die Gruppe über die Ergebnisse ihrer Arbeit.
- Beratet euch in der ganzen Gruppe: Welche dieser Teilergebnisse und Materialien werden gebraucht, um euer Arbeitsziel zu erreichen?
- Gliedert die fertige Gesamtarbeit.

4. Die Präsentation planen

- Legt fest, in welcher Form die Präsentation erfolgen soll.
- Verteilt die Aufgaben für die Vorbereitung der Präsentation.
- Berücksichtigt den vorgegebenen Zeitrahmen, der euch für die Präsentation zur Verfügung steht.

5. Das Gesamtergebnis überarbeiten

Stellt die Endfassung eurer Präsentation her.
→ „TEXTE PLANEN, SCHREIBEN, ÜBERARBEITEN", S. 52

6. Einen Probelauf durchführen

(nur bei einer mündlichen Präsentation)

- Übt die Präsentation in einer Generalprobe.
- Stoppt die Zeit und achtet darauf, dass ihr den vorgegebenen Zeitrahmen für euren Vortrag einhaltet.
  → „REFERATE VORBEREITEN UND HALTEN", S. 60

Übung

Geht bei der nächsten Gruppenarbeit nach den beschriebenen Regeln und Arbeitsphasen vor und nutzt den folgenden Protokollbogen.

Protokollbogen Gruppenarbeit				
Thema der Arbeit:				
Abgabetag:				
Protokollantin/ Protokollant:			Datum:	
Teilnehmerinnen/Teilnehmer:	Name:	Telefon:	E-Mail:	
Verteilung der Themen und Aufgaben:	Thema/Aufgabe:		bearbeitet von:	bearbeitet bis:
Terminvereinbarungen:		Wann?	Wo?	
	Gruppentreffen für Zwischenabsprachen:			
	Gruppentreffen für Endfassung:			
	(Gruppentreffen für Probelauf:)			
weitere Vereinbarungen:				

Gespräche führen

?

Ob im Unterricht, bei Gruppenarbeiten oder im Pausengespräch: Wenn alle Beteiligten gleichzeitig reden, kommt kein Gespräch zustande. Wer sich gemeinsam mit anderen in einem Gespräch austauschen und etwas erreichen möchte, der sollte sich an gewisse Gesprächsregeln halten.

! So gehst du vor

Grundregeln

1. Jeder ist für den Verlauf und das Ergebnis des Gesprächs mitverantwortlich.
2. Alle Gesprächsteilnehmerinnen/-teilnehmer sitzen so, dass sie sich beim Sprechen gegenseitig ansehen können.
3. Jeder redet nur dann, wenn er an der Reihe ist.
4. Alle hören dem Sprechenden zu und versuchen, zu verstehen, was er sagen bzw. erklären will.
5. Alle lassen den Sprechenden ausreden.
6. Jeder fasst sich kurz.
7. Jeder versucht, auf die Vorrednerin/den Vorredner einzugehen,
   - um einen Gedanken weiterzuführen oder
   - um Fragen aufzuwerfen.
8. Es wird nicht noch einmal gesagt, was andere bereits gesagt haben.
9. Alle achten darauf, auch stillere Mitschülerinnen und Mitschüler in das Gespräch einzubeziehen.
10. Wenn es in dem Gespräch darum geht, bestimmte Ziele zu erreichen, ist es hilfreich, am Anfang eine Gesprächsleiterin/einen Gesprächsleiter und eine Protokollantin/einen Protokollanten zu bestimmen.

TIPP

Mache dir bei Bedarf kurze Notizen, wenn du etwas nicht verstanden hast, und frage nach, wenn der Sprechende ausgesprochen hat.
→ „INFORMATIONEN VERKÜRZT AUFSCHREIBEN", S. 16

Aufgaben der Gesprächsleiterin/des Gesprächsleiters

- das Thema und das Ziel des Treffens klarstellen
- den Gesprächsverlauf organisieren und dabei die Reihenfolge der Wortmeldungen einhalten
- Diskussionsbeiträge bündeln:
  - Gemeinsamkeiten der Meinungen/Ideen zusammenfassen
  - unterschiedliche Standpunkte aufzeigen
  - Beiträge nicht bewerten
- freundlich für die Einhaltung der Gesprächsregeln sorgen
- stille Teilnehmerinnen und Teilnehmer ermuntern, ihre Meinung zu äußern
- sicherstellen, dass alle Entscheidungen durch Abstimmung getroffen werden
- die Aufgabenverteilung bis zum nächsten Treffen und weitere Termine klären

Aufgaben der Protokollantin/des Protokollanten

- den Inhalt des Treffens schriftlich festhalten; dabei muss in jedem Fall notiert werden:
  - Datum der Sitzung,
  - das Thema, um das es geht,
  - die Teilnehmerinnen und Teilnehmer,
  - Aufgabenverteilung und Termine,
  - Ergebnisse und Beschlüsse.

→ „PROTOKOLLIEREN I: VERLAUF- UND ERGEBNIS-PROTOKOLL", S. 18
→ „PROTOKOLLBOGEN GRUPPENARBEIT", S. 7

Übung

Beurteilt nach Beendigung eurer Gruppenarbeit, wie gut ihr die Gesprächsregeln schon eingehalten habt, und schreibt gegebenenfalls kurz auf, was ihr in der nächsten Gruppenarbeit oder beim nächsten Unterrichtsgespräch noch verbessern müsst. Ihr könnt eure Beobachtungen und Schlussfolgerungen nach folgendem Schema notieren:

Regeln, die alle gut eingehalten haben:
sich kurz fassen
...

Regeln, die wir noch nicht durchgängig eingehalten haben	Gründe	Verbesserungsvorschläge
ausreden lassen	Manche sind zu ungeduldig.	Gesprächsleiter muss mehr darauf achten, dass keiner unterbrochen wird.
...	...	...

Nach Wochenplan arbeiten

?

Bei der Wochenplanarbeit erhältst du zu einem Thema verschiedene Arbeitsaufträge, die du innerhalb eines festgelegten Zeitraums im Unterricht und zu Hause selbstständig planen und bearbeiten sollst. Deine Ergebnisse wirst du am Ende der Wochenplanarbeit in der Regel vorstellen oder im Unterricht mit denen deiner Mitschülerinnen und Mitschüler vergleichen.

!

So gehst du vor

Die Aufgaben sichten

- Lies dir alle Aufgaben genau durch.
  → „AUFGABENSTELLUNGEN ERFASSEN", S. 14
- Kläre, welche Aufgabentypen vorliegen:
  - Pflichtaufgaben,
  - Wahlaufgaben, von denen du nur eine bestimmte Anzahl erledigen musst oder
  - Arbeitsaufträge, die du selbst noch konkret ausformulieren sollst.
- Plane, wann und wie du welche Aufgaben erledigen willst.
  - Entscheide, welche Aufgaben du in der Schule bearbeiten willst und welche Hausaufgaben sein sollen.
  - Entscheide – wenn möglich –, welche Aufgaben du allein bearbeiten willst und wann du mit einer Partnerin oder einem Partner bzw. in der Gruppe arbeiten willst.
    Triff genaue Absprachen mit deiner Partnerin/deinem Partner bzw. den Mitgliedern deiner Gruppe.
    → „IN DER GRUPPE ARBEITEN", S. 6

TIPP

Berücksichtige die Medien oder Hilfsmittel, die du jeweils benötigst, und deine festen Nachmittagstermine, wenn du Aufgaben als Hausaufgaben einplanen willst.
→ „HAUSAUFGABEN PLANMÄSSIG ERLEDIGEN", S. 12

Den Planungs- und Protokollbogen führen

- Der Planungs- und Protokollbogen ist ein wichtiger Bestandteil deiner Arbeit. Führe ihn deshalb sorgfältig.
- Lege dir einen Protokollbogen nach dem Muster auf Seite 11 an. Verwende dazu ein DIN-A4-Blatt (quer).
- Trage deinen Namen, das Thema und den zeitlichen Rahmen für die Bearbeitung der Aufgaben ein. ➊
- Trage deine Planung ein:
  Unterscheide zwischen Hausaufgaben und Aufgaben im Unterricht, indem du zwei verschiedene Farben verwendest. ➋
- Trage täglich deine Fortschritte ➌ und Probleme ➍, die aufgetaucht sind, ein.
  Verändere deine Planung, falls nötig.

Die Aufgaben bearbeiten

- Verhalte dich bei der Wochenplanarbeit im Unterricht so, dass du niemanden störst.
- Versuche, mit auftretenden Schwierigkeiten zunächst selbst fertig zu werden.
  Frage erst dann bei deiner Lehrerin bzw. deinem Lehrer nach, wenn du trotz aller dir zur Verfügung stehenden Hilfsmittel allein nicht mehr weiterkommst.
- Bereite die Präsentation bzw. die Abgabe der Ergebnisse den Vorgaben entsprechend sorgfältig und termingerecht vor.

Beispiel

Folgende Arbeitsaufträge hat Elisabeth diese Woche erhalten:

- Multiplizieren von Brüchen: Buch, S. 44, Aufg. 3 – 9
- Addieren von Brüchen: Arbeitsblatt
- Addieren von Brüchen: Buch, S. 45, Aufg. 3 + 7
- ...

Im Planungs- und Protokollbogen auf der nächsten Seite hat sie sich die Aufgaben eingeteilt und ihre Fragen, Probleme und Planungsänderungen notiert. Die Hausaufgaben stehen immer an dem Tag, zu dem sie erledigt sein müssen.

Protokollbogen für: Elisabeth Bär
Thema der Wochenplanarbeit: Bruchrechnung ❶
Zeitrahmen: 14. Februar – 22. Februar 20...

Datum	HA für diesen Tag	erledigt am	Aufgaben im Unterricht	gearbeitet mit	erledigt am	Fragen/Probleme/ Kommentare...
14.2.	Multiplizieren v. Brüchen: Buch, S. 44, Aufg. 3 + 4	13.2.	Buch, S. 44, Aufg. 5–9	–	14.2.	letzte Aufgabe nicht zu Ende gerechnet
16.2.	Buch, S. 44, Aufg. 9 zu Ende machen	15.2.				
	Addieren v. Brüchen: Arbeitsblatt	15.2.	Arbeitsblatt; Buch, S. 45, Aufg. 3 + 7	Anna	16.2.	Wie finde ich den gemeinsamen Nenner?

❷ ❷ ❸ ❹

Übung

Untersuche den Anfang von Kirbys Protokollbogen und schreibe die Fehler auf, die sie gemacht hat.

Protokollbogen für: Kirby
Thema der Wochenplanarbeit:
Zeitrahmen: 20. April – 28. April 20...

Datum	HA für diesen Tag	erledigt am	Aufgaben im Unterricht	gearbeitet mit	erledigt am	Fragen/Probleme/ Kommentare...
20.4.	–	–	Text von CD hören + Fragen beantworten	–	–	CD zu Hause ver-gessen, als Hausaufgabe vorgenommen
21.4.	–	–	Vokabeln zum Text lernen	–	21.4.	
23.4.	Übungen zum „will-future": Buch, S. 60, Aufg. 3 + 5	22.4.	Übungen zum „going-to-future": Buch, S. 61, Aufg. 4–7 + 11	–	23.4.	Aufgabe 5 der HA nicht verstanden

Hausaufgaben planmäßig erledigen

?

Hausaufgaben zu machen, gehört zum täglichen Geschäft aller Schülerinnen und Schüler. So unterschiedlich die verschiedenen Aufgaben dabei auch sein mögen, wer überlegt und planmäßig vorgeht, schafft die Hausaufgaben in kürzerer Zeit und mit besserem Ergebnis.

!

So gehst du vor

Grundregeln

1. Reserviere einen bestimmten Zeitraum am Tag für deine Hausaufgaben und erstelle dir einen Wochenarbeitsplan.
2. Richte dir einen festen Arbeitsplatz ein, der hell, freundlich und ungestört ist. Mache deine Hausaufgaben grundsätzlich nur hier.
3. Erledige deine Hausaufgaben so bald wie möglich, dann kannst du dich noch gut an wichtige Einzelheiten aus dem Unterricht erinnern.
4. Führe ein Hausaufgabenheft, in das du alle deine Aufgaben sorgfältig einträgst. Trage in einen Wochenplan deine Termine ein.

Nach Plan arbeiten

- Erstelle einen täglichen Arbeitsplan, in den du alle Hausaufgaben, die du an diesem Tag erledigen willst, und sonstige Aufgaben für die Schule (z. B. Vorbereitung einer Klassenarbeit) einträgst.
  - Wähle die Reihenfolge der Fächer so, dass du die schwierigeren oder umfangreicheren Aufgaben ohne Zeitdruck bearbeiten kannst.
  - Bearbeite mündliche und schriftliche Aufgaben am besten abwechselnd.

Sorgfältig arbeiten

- Erfasse die Aufgabe genau, bevor du anfängst, sie zu bearbeiten.
  → „AUFGABENSTELLUNGEN ERFASSEN“, S. 14
- Nimm dir Zeit, um deine Arbeit gleich so gut zu machen, dass du sie später nicht noch einmal überarbeiten musst.
- Hole dir Hilfe, wenn du etwas nicht verstehst, oder schreibe in einem Satz genau auf, was du nicht verstanden hast. Dann kannst du in der Schule deine Lehrerin bzw. deinen Lehrer gezielt danach fragen.
- Kontrolliere mit deinem Hausaufgabenheft, ob du alle Aufgaben vollständig erledigt hast.

Zügig arbeiten

- Arbeite konzentriert, lass dich durch nichts ablenken!
- Behalte die Uhr im Auge und versuche, die Aufgaben für jedes Fach in einer bestimmten Zeit, die du für sinnvoll hältst, zu erledigen.
- Lege Pausen ein:
  - nach 30 Minuten Arbeit: 5 Minuten Pause (bewege dich etwas im Zimmer), nach 60 Minuten Arbeit: 10 Minuten Pause (iss z. B. einen Apfel oder trinke etwas), nach 90 Minuten Arbeit: 15 Minuten Pause (gehe aus dem Zimmer, rede mit jemandem)
  - Überziehe die Pausen nie! Lass notfalls einen Wecker klingeln!

Übung

Trage in den Wochenplan deine Termine ein.
Unterscheide, indem du die Kästchen in verschiedenen Farben anmalst:

- Hausaufgabenzeit
- private „Muss-Termine“
- private „Kann-Termine“

Zeit	Montag	Dienstag	Mittwoch	Donnerstag	Freitag	Samstag	Sonntag
14.00							
15.00							
16.00							
17.00							
18.00							
19.00							

Aufgabenstellungen erfassen

?

Das möglichst genaue Erfassen einer bestimmten Aufgabenstellung ist mit Sicherheit die Leistung, die du in der Schule in allen Fächern am häufigsten erbringen musst. Ob im Unterrichtsgespräch, bei Hausaufgaben, Gruppenarbeiten oder in Klassenarbeiten – immer musst du der Aufgabenstellung zuerst entnehmen, was genau von dir verlangt wird, in welcher Form du deine Ergebnisse darstellen sollst und welche Hilfsmittel du benutzen darfst oder sollst. Auch wenn du dir selbst ein Thema stellst, ist es wichtig, dass du dir einen möglichst klaren Arbeitsauftrag mit deutlicher Zielsetzung erteilst. Alles in allem ist dies sicher Grund genug, dass du immer mit ganz besonderer Aufmerksamkeit daran gehst, wenn es gilt, eine gestellte Aufgabe zu erfassen! Am einfachsten geht dies, wenn du die folgenden drei Schritte befolgst.

! So gehst du vor

1. Schritt: Die Aufgabe verstehen

- Lies die Aufgabenstellung zunächst genau durch.
- Suche die Operatoren. Das sind die Arbeitswörter, die dir sagen, was du genau tun sollst.
- Markiere in jedem Teil der gestellten Aufgabe die Operatoren. Nimm für jeden Operator eine andere Farbe. ①
- Unterstreiche in der Farbe des jeweiligen Operators weitere wichtige Informationen, die seinen Gebrauch festlegen, z. B.:
  - Untersuchungsschwerpunkte, ②
  - benötigte und erlaubte Hilfsmittel sowie ③
  - die Form, in der du die Ergebnisse darstellen sollst. ④

① Vergleiche mithilfe des ③ Textes und der ③ Abbildungen die ② Merkmale von Mensch und Schimpanse.

① Stelle sie in einer ④ Tabelle gegenüber.

2. Schritt: Die Operatoren analysieren

Kläre genau, welche Arbeit du bei welchem Operator durchführen sollst.

TIPP

Für alle Fächer gibt es eine Liste der Operatoren, in der genau angegeben ist, was du jeweils tun sollst. Frage deine Lehrerin/deinen Lehrer, ob sie/er dir eine solche Liste zur Verfügung stellt.

INFO

Oft versteckt sich hinter einem Operator ein viel umfangreicherer Arbeitsauftrag, als es zunächst den Anschein haben kann:
„Vergleiche" bedeutet z. B. immer, dass erst alle Aspekte eines Gegenstandes oder Sachverhaltes kurz vorgestellt werden müssen, um dann Gemeinsamkeiten und Unterschiede herausarbeiten zu können. Auch musst du damit rechnen, dass mit demselben Operator in verschiedenen Fächern unterschiedliche Aufgaben gemeint sind!

3. Schritt: Die Aufgabe in Arbeitsschritte aufspalten

Teile die Aufgabe in einzelne Arbeitsschritte auf, die dich zur Lösung führen. Bei der vorliegenden Aufgabe (siehe S. 14) sind z. B. folgende Arbeitsschritte notwendig:

1. Bearbeite den Text nach der 5-Schritt-Lesetechnik.
   → „LESEN II: DIE 5-SCHRITT-LESETECHNIK", S. 34
2. Erstelle ein Exzerpt mit den zwei Schwerpunkten „Merkmale des Menschen" und „Merkmale des Schimpansen".
   → „EIN EXZERPT ERSTELLEN", S. 40
3. Werte die Abbildungen im Hinblick auf die Merkmale des Menschen und des Schimpansen aus.
   Erstelle dazu:
   - hierarchisch gegliederte Notizen
     → „INFORMATIONEN VERKÜRZT AUFSCHREIBEN", S. 16
   - oder eine Mind-Map.
     → „EINE MIND-MAP ERSTELLEN", S. 38
4. Sortiere alle Notizen getrennt nach Gemeinsamkeiten und Unterschieden von Mensch und Schimpanse.
5. Erstelle eine übersichtliche Tabelle, die gemeinsame und unterschiedliche Merkmale deutlich aufzeigt.

Übung

Untersuche den folgenden Arbeitsauftrag wie im Beispiel und spalte ihn in einzelne Arbeitsschritte auf.

> Analysiere mithilfe des Textes und der Grafik die Wirksamkeit der Geschwindigkeitsbegrenzung von Fahrzeugen auf der Autobahn für die Kohlenstoffdioxidreduktion.
> Ergänze deine Ausarbeitung durch eine veranschaulichende, grafische Darstellung der zu erwartenden Reduktion bis 2050.

Informationen verkürzt aufschreiben

?

Mitschreibtechniken helfen dir dabei, Informationen, auf die du später wieder zurückgreifen willst, in kurzer Zeit stichwortartig und strukturiert zusammenzufassen, statt sie in langen, unübersichtlichen Fließtexten aufzuschreiben. Das spart Zeit, schafft einen guten Überblick und erleichtert das Anfertigen von Hausaufgaben, Protokollen, Referaten und Klassenarbeiten, aber auch die Teilnahme an Diskussionen und Vorträgen.

! So gehst du vor

Gestaltungselemente

- Gib deinen Notizen eine Gesamtüberschrift/einen Titel. (1)
- Schreibe deinen Text verkürzt in Stichworten, verkürzten Sätzen oder notiere nur Schlüsselbegriffe. (2)
  - Ersetze häufig auftretende Wörter durch Kürzel, die du immer im selben Sinne verwendest, z. B.: (3)
    - → die Folge davon ist, das Resultat davon ist, daraus entwickelt sich, das führt nach …
    - ← das ist zurückzuführen auf, das hat die Ursache, ursprünglich war …
    - ⇨ abschließendes Ergebnis/Folge ist, die Entwicklung führt insgesamt zu …
    - Γ nicht, kein, ohne
    - < groß, viel zunehmend
    - > klein, wenig, abnehmend
    - ↯ Achtung! Wichtig! Gefährlich!
    - ≠ ungleich, anders, geht nicht …
  - Kürzel kannst du dir auch selbst ausdenken.
  - Markiere wichtige Begriffe. (4)
  - Vermeide trotz aller Kürze Gedankensprünge, damit du deine Notizen auch nach ein paar Wochen noch verstehst.
- Verdeutliche die Gliederung deiner Notizen durch festgelegte Gliederungszeichen und sorgfältiges Einrücken.
  - Gliedere hierarchisch, d. h. in verschiedenen Ebenen, also mit Oberpunkten und Unterpunkten. (5)
  - Verwende Nummerierungen nur, wenn eine bestimmte Reihenfolge wiedergegeben werden soll.
  - Rücke Notizen derselben Gliederungsebene immer gleich weit ein.
  - Lass immer etwas Platz (ein Kästchen) zwischen Gliederungszeichen und Text frei.
  - Schreibe in jeder Gliederungsebene linksbündig.

(1) Versorgung von Omas Blumen

(2)
- abends gießen, nicht mittags! (4)
- Blumenwasser: nur Wassertonne
  - Tonne: erste Tür hinter Kellertreppe
  - Deckel immer auflegen
  - Kellertür nie schließen (← Katze)
- Balkon
  - stehen alle in der Badewanne auf feuchten Tüchern
    - jede Woche anfeuchten
- Wohnzimmer
  - (5) Blattpflanzen
    - Daumenprobe von Feuchte der Blumenerde
      → nur gießen, wenn nötig
    - mittwochs düngen
  - Kakteen
    - 1 x alle 2 Wochen gießen
    - oder bei großer Hitze zusätzlich ein wenig
  - Palmen
    - 1 x proWoche
    - Γ düngen! ↯ (3)

Übung

1. Lies dir den folgenden Text durch oder lass ihn dir vorlesen. Fasse die Informationen in einer hierarchisch gegliederten Übersicht als Merkzettel zu dieser Arbeitstechnik zusammen.

Notizen – kurz und bündig

Eine hervorgehobene Überschrift sollte deutlich machen, worauf sich deine Notizen beziehen.
Festgelegte Gliederungszeichen und sinnvolles Einrücken verdeutlichen die Gliederung deiner Notizen. Man gliedert hierarchisch, d.h. in verschiedenen „Etagen“ bzw. „Ebenen“: Oberpunkte, Unterpunkte, Unterpunkte der Unterpunkte usw.
Oberpunkte bekommen deutlich andere Gliederungszeichen als Unterpunkte. Die Gliederungszeichen aller Oberpunkte haben aber immer den gleichen Abstand vom Zeilenanfang und etwas Platz (ca. eine Kästchenbreite) zum nachfolgenden Text. Auch der Text aller Oberpunkte beginnt immer mit genau demselben Abstand vom Zeilenanfang (also gerade eine Kästchenbreite mehr als der Abstand der Gliederungszeichen).
Unterpunkte sind immer etwas weiter eingerückt als die zugehörigen Oberpunkte. So kannst du auf den ersten Blick genau erkennen, ob deine Notiz ein Ober- oder Unterpunkt ist bzw. zu welchem Oberpunkt sie gehört. Denn alle Gliederungszeichen und Textanfänge, die zur gleichen Gliederungsebene gehören, stehen genau untereinander. So dargestellt sind die Notizen versetzt eingerückt und linksbündig, denn alle Notizen, die zu derselben Gliederungsebene gehören, stehen am Beginn des jeweils ersten Wortes – also links – genau untereinander.
Auch zu umfangreicheren Informationen sollten die Notizen möglichst kurz und übersichtlich angefertigt werden. Sie müssen aber immer so verständlich und nachvollziehbar sein, dass du sie auch noch nach längerer Zeit oder unter Stress verstehst.
Die Kürze erreichst du, indem du Stichwörter, Schlüsselwörter und verkürzte Sätze verwendest. Je geringer der Anteil an Fließtext ist, desto kürzer werden die Notizen – was dir viel Zeit erspart – und desto leichter lassen sie sich übersichtlich anordnen.
Die Übersichtlichkeit ist von ganz besonderer Bedeutung. Dadurch hast du alles besser im Blick und du vermeidest, Wichtiges zu vergessen.
Häufig auftretende Wörter werden durch bestimmte Kürzel ersetzt. Diese werden immer mit derselben Bedeutung verwendet.
Im Laufe der Zeit wirst du dir automatisch zusätzliche Kürzel ausdenken, die du ganz persönlich verwendest.
Wichtige Begriffe in deinen Notizen werden selbstverständlich markiert.
Damit du deine Notizen auch nach längerer Zeit noch verstehst, ist es wichtig, keine Gedankensprünge entstehen zu lassen. Trotz aller Kürze sollten deine Notizen den „roten Faden“ deines Gedankengangs deutlich werden lassen.

2. Schreibe an drei aufeinanderfolgenden Tagen die Abendnachrichten verkürzt mit.

Protokollieren I: Verlaufs- und Ergebnisprotokoll

?

Ein Protokoll gibt Gespräche mehrerer Teilnehmerinnen und Teilnehmer – z. B. bei einer Gruppenarbeit oder in Unterrichtsstunden – zusammenfassend wieder. Anhand des Protokolls können alle Gruppenmitglieder (auch die, die nicht anwesend waren) zu einem späteren Zeitpunkt die besprochenen Themen, Ergebnisse, Beschlüsse, Absprachen usw. nachvollziehen. Man unterscheidet zwei Formen des Protokolls: das Verlaufsprotokoll und das Ergebnisprotokoll.

! So gehst du vor

Grundregeln

- Mache dir während des Gesprächs Notizen über den Verlauf bzw. wichtige Gesprächsbeiträge, Ergebnisse und getroffene Absprachen.
  → „INFORMATIONEN VERKÜRZT AUFSCHREIBEN", S. 16
- Arbeite anhand deiner Notizen das Protokoll aus. Formuliere knapp, aber eindeutig und verständlich.
  → „TEXTE PLANEN, SCHREIBEN, ÜBERARBEITEN", S. 52
  - Verwende die Zeitform Präsens.
  - Gib die Gesprächsbeiträge in der indirekten Rede (Konjunktiv!) wieder.
  - Halte dich an das hier abgebildete Schema von Protokollen.

Protokollkopf

❶ Protokoll der Geschichtsstunde
vom 30. September 20...

❷
Thema:	Die mittelalterliche Stadt
Ort:	Raum B03
Zeit:	8.30–9.15 Uhr
Anwesend:	alle Mitglieder der Klasse 7c mit Ausnahme von Burcu Özdemir (krank)
Protokollant:	Jan Giester

❶ Titel und Datum der Veranstaltung

❷ Informationen zu:
Thema, Ort und Uhrzeit der Veranstaltung, anwesenden und abwesenden Teilnehmerinnen/Teilnehmern, der Protokollantin/dem Protokollanten

Hauptteil des Protokolls

1 TOP I: Besprechung der Hausaufgabe
Verschiedene Lösungen werden vorgestellt und die Ergebnisse an der Tafel gesammelt. 2
(s. Schaubild im Anhang) 3

TOP II: Merkmale der mittelalterlichen Stadt
Mithilfe eines Textes (Buch, S. 40–42) werden zunächst in ...

TOP III:

Jan Giester 4

1. Gliederung in verschiedene Unterpunkte mit entsprechender Überschrift (TOPs)
2. Zusammenfassung der Gespräche/Ergebnisse zu den einzelnen Unterpunkten
3. Längere Zusatzinformationen, z. B. Tafelabschriebe usw. werden im Anhang beigefügt.
4. Unterschrift des Protokollanten

INFO

TOP ist eine Abkürzung und bedeutet Tagesordnungspunkt.

Besonderheiten des Verlaufsprotokolls

- Der gesamte Verlauf des Gesprächs wird wiedergegeben.
- Die Struktur orientiert sich am tatsächlichen Verlauf des Gesprächs.
- Alle Beiträge einzelner Teilnehmerinnen/Teilnehmer, die zum Thema gehören, werden wiedergegeben.

Besonderheiten des Ergebnisprotokolls

- Nur die wichtigsten Aspekte, Ergebnisse und Vereinbarungen werden wiedergegeben.
- Die Struktur orientiert sich an den besprochenen Sachthemen.
  Verschiedene Aussagen zu einem Themengebiet werden zusammengefasst, auch wenn sie im Gespräch zeitlich getrennt waren.
- Beiträge einzelner Teilnehmerinnen/Teilnehmer werden nur sehr selten wiedergegeben.

TIPP

Um die Ergebnisse von Gruppentreffen festzuhalten, kannst du die Protokollvorlage von Seite 7 verwenden.

Übung

Führe das nächste Mal, wenn eine Mitschülerin oder ein Mitschüler krank ist, im Unterricht Protokoll, sodass sie/er nachvollziehen kann, was behandelt wurde.

Protokollieren II: Versuchsprotokoll

?

In naturwissenschaftlichen Fächern werden Versuchsprotokolle geschrieben. Letztlich dienen sie nicht nur dazu, sich zu erinnern, was gemacht wurde, sondern vor allem auch dazu, den Versuch auszuwerten. Sie sind also Versuchsanalysen mit jeweils begründetem Ergebnis. Um dabei nichts Wichtiges zu vergessen, geht man am besten nach einem Schema vor.

! So gehst du vor

Gliederung deiner Ausarbeitung

- Folge dem unten angegebenen Schema.
- Berücksichtige bei deiner Ausarbeitung jeweils die angegebenen Hilfsfragen zum Experiment.
- Achte darauf, deine Antworten stets zu begründen. Als Begründungen verwendest du deine Beobachtungen und Fachkenntnisse.

1 Ⓟ: Enthält Schreibpapier Stärke?

2 Ⓗ: Nein, denn Papier wird aus Holz hergestellt.

3 Ⓥ: Mat: ein Stück Schreibpapier, LUGOLsche Lsg. 6

Dfg: Gib einen Tropfen LUGOLsche Lösung vorsichtig auf das Papier. 7

Auf: – 8

4 Ⓑ: Das Papier färbt sich bei Berührung mit der LUGOLschen Lsg. schnell intensiv lila.

5 Ⓐ: Aw: Papier enthält Stärke. Die LUGOLsche Lösung legt sich in die Stärkemoleküle der Stärkekörnchen und sie erscheinen so lila. 9

Fd: – 10

Zf: Schreibpapier wird mit einer dünnen Stärkeschicht überzogen, damit man darauf besser schreiben kann. 11

1 Problemstellung (Frage, Ziel)
Welche Problemstellung/Frage soll mithilfe des Versuchs geklärt werden?

2 Hypothese
Wie könnte die Antwort auf (P) lauten?

3 Versuch
alles, was nötig ist, um den Versuch auf immer gleiche Weise durchzuführen

4 Beobachtung
- Welche Beobachtungen können gemacht werden?
- Alles, was mit Sinnesorganen oder Messgeräten registriert werden kann; keine Deutung oder Erklärung der Beobachtungen!

5 Auswertung
alles, was nötig ist, um die Bedeutung des Versuchsergebnisses für die Fragestellung zu beurteilen

6 Materialliste
Welche Materialien werden zur Durchführung des Versuchs benötigt?

7 Durchführung
Wie ist die exakte Vorgehensweise in den für den Erfolg des Experiments wichtigen Punkten?

8 Aufbau des Versuchs
Wie ist die Versuchsapparatur bzw. sind die Versuchsobjekte, die für das Ergebnis des Experiments bedeutend sind, aufgebaut (Skizze)?

9 Antwort
- Welche Antwort(en) auf die Fragestellung (P) wurde(n) gefunden?
- Welche Begründung gibt es dafür (aufgrund von Fachkenntnissen und von Beobachtungen aus dem Experiment)?

10 Fehlerdiskussion
- Durch welche Fehler könnte das Ergebnis beeinflusst sein?
- Wie wahrscheinlich/bedeutsam sind diese Fehler für das Ergebnis?
- Wie wahrscheinlich ist die Richtigkeit der Ergebnisse, wenn man die Fehler berücksichtigt?

11 Zusammenfassung
- kurze Zusammenfassung der Problemstellung und des Auswertungsergebnisses
- Welche Anschlussfragen ergeben sich?

Übung

1. Das folgende Protokoll ist durcheinandergeraten. Sortiere die einzelnen Notizen in der richtigen Reihenfolge und notiere davor das zugehörige Kürzel.
2. Markiere im sortierten Protokoll in den angegebenen Farben:

- konkrete Beobachtungen,
- Antwort(en) auf die Fragestellung,
- Bedeutung der Fehler,
- die Einschätzung des Gesamtergebnisses.
- Beobachtungen/Fachkenntnisse, die als Begründung der Antwort(en) genannt werden.

- Versuch nur mit Schutzbrille durchführen
- Eisenpulver und Schwefelpulver vorsichtig – ohne zu reiben – gut mischen
- Gemisch auf Keramiknetz häufeln, andrücken und abflachen, glühende Drahtspitze ins Gemischhäufchen legen (Draht liegen lassen)

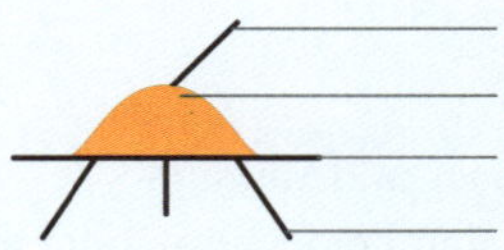

Da Schwefel und Eisen Feststoffe sind, werden sie ein Stoffgemisch bilden.

Eisen und Schwefel bilden ungezündet ein Stoffgemisch. Durch Zündung (Aktivierungsenergie) erfolgt eine chemische Reaktion zu Eisensulfid. Eisen + Schwefel → Eisensulfid

---

- übrige Gemischreste nicht reagiert, da zu wenig mit anderen Teilchen festgeklopft
  → nachträglich noch zünden → dasselbe Ergebnis wie Gemisch im Versuch
  → kein Widerspruch zum Ergebnis
- Aktivierungsenergie muss ausreichen, sonst keine Reaktion
  ⇨ alle Merkmale einer chemischen Reaktion vorhanden → chemische Reaktion sicher

---

- Eisen und Schwefel bilden ein Stoffgemisch, denn im Versuch kann man mit einem Magnet Eisen wieder vom Schwefel trennen.
- Zwischen Eisen und Schwefel erfolgt eine chemische Reaktion:
  - wenn sie wie im Versuch gezündet (Aktivierungsenergie) werden;
  - Gemisch glüht stark auf, Licht- und Wärmeenergie werden frei.

  → Neuer Stoff mit neuen Eigenschaften entsteht: Eisensulfid.
  - Farbe ist schwarzgrau statt hellgrau oder gelb wie bei den Ausgangsstoffen.
  - kaum magnetisch, wie es das Eisen vorher war

Geräte: Waage, Porzellanschale, Spatel, Keramiknetz, Draht, Brenner
Chemikalien: 7,5 g feines Eisenpulver; 4,3 g feine, klumpenfreie Schwefelblüte

---

Wie verhalten sich Schwefel und Eisen chemisch miteinander?

- Graues Eisenpulver und gelbes Schwefelpulver ergeben ein graugrünes Pulvergemisch.
- Eisenpulver lässt sich leicht mit Magnet anziehen (zieht aber viel Schwefel mit).
- Glühender Draht zündet das Gemisch.
- Gemisch glüht dann selbstständig mit starker Hitzeentwicklung durch.
- Grauschwarzer Feststoff entsteht, der kaum magnetisch reagiert.
- Es bleiben kleine Reste des Gemischs übrig.

Merktechniken anwenden

?

In allen Unterrichtsfächern gibt es Inhalte – wie Daten, Vokabeln, Abläufe, Prozesse usw. –, die du einfach wissen, nicht verstehen musst, damit du sinnvoll weiterarbeiten kannst. Du musst sie also auswendig lernen. Wenn du dabei bestimmte Techniken anwendest, fällt es dir viel leichter, dir diese Dinge zu merken, und du wirst sie bestimmt nicht mehr so schnell vergessen.

! So gehst du vor

Eselsbrücken bauen

Eselsbrücken helfen dir, dir einen kniffligen Sachverhalt leichter zu merken, indem du ihn mit etwas Einfachem, das du gut kennst, in Verbindung setzt.

Beispiele:

Mondphasen:

- abnehmender Mond:
  „Klammer **auf**“: Die Sichel verläuft wie (.
- zunehmender Mond:
  „Klammer **zu**“: Die Sichel verläuft wie).

Himmelsrichtungen:

„**N**icht **o**hne **S**eife **w**aschen!“:
Norden – **O**sten – **S**üden – **W**esten

Lernlieder

Oft kannst du Merksätze einem Lied anpassen, das du kennst. Wenn du das Lied dann mit deinem Merktext singst, statt mit dem ursprünglichen Liedtext, fällt es dir unter Umständen deutlich leichter, bestimmte Dinge zu behalten. Diese Technik hat sich besonders bewährt, wenn es darum geht, sich Regeln einzuprägen.

Beispiel:

Punkt-vor-Strich-Rechnung:
Liedmelodie „Alle meine Entchen“:

„Wenn du etwas rechnest,
denk' an „Punkt vor Strich“,
denk' an „Punkt vor Strich“,
denn sonst stimmt am Ende
deine Rechnung nicht!“

Reime bilden

Reime kann man sich besonders leicht merken. Versuche daher, zu Sachverhalten, die du dir merken musst, Sätze zu bilden, die du dir leicht merken kannst und die sich reimen.

Beispiele:

Mischen von Wasser und Säuren:
„Erst das Wasser, dann die Säure, sonst geschieht das Ungeheure!“

If-Sätze im Englischen:
"'If' and 'would' is no good!"

Gründung Roms 753 v. Chr.:
„Sieben, fünf, drei – Rom kroch aus dem Ei.“

Linsenformen:
„Ist der Teller konkav, bleibt die Suppe brav –
ist der Teller konvex, macht die Suppe ‚Klecks'.“

Visualisieren

Wenn du einen Begriff gedanklich mit einem bestimmten Bild verknüpfst, das zu dem Begriff passt, kannst du ihn dir besser merken.

Beispiele:

Wortbedeutungen:

- f☺ce – Gesicht
- tall and small – groß und klein

INFO

Alle Merktechniken beruhen darauf, dass du deine Fantasie spielen lässt und du für **dich** Merkhilfen schaffst, die **dir** helfen. Deine Mitschülerinnen und Mitschüler benötigen unter Umständen ganz andere Merkhilfen.

Die Loci-Technik anwenden

Du willst dir einen Prozess, die Gliederungspunkte deines Referates oder einfach bestimmte Begriffe, deren Bedeutung du zuhause klären willst, merken. All dies gelingt dir leichter, wenn du diese verschiedenen Wörter oder Prozessstadien mit Gegenständen kombinierst, die sich auf einer Route befinden, die du gut kennst.

- Wichtig ist, dass diese Route **verschiedene, markante Stellen** hat.
- Um dir nun alles zu merken, „hängst" du in Gedanken jeweils die **Gegenstände oder Teilprozesse** an jeweils eine deiner hintereinanderliegenden Routenstellen.
- Beim Erinnern folgst du in Gedanken dieser Route von Stelle zu Stelle und holst dir dort den jeweiligen Teilprozess oder den jeweiligen Begriff ab. Stell dir dabei jeden Ort möglichst genau vor.
- Du kannst dir dazu sogar eine kleine **Geschichte** ausdenken, die dir das Erinnern erleichtert.
- Gehe diesen Weg nun innerhalb der nächsten zwanzig Minuten mindesten fünf Mal in Gedanken ab, damit sich alle Informationen in deinem Gedächtnis gut einprägen. Lass zwischen den Durchgängen immer etwas länger werdende Pausen.

Beispiel:
Bestandteile des englischen Frühstücks

	markante Stellen der Route	Gegenstände/ Teilprozesse	Geschichte
1	Haustürklinke	Würstchen	Auf der Türklinke liegt ein Würstchen, das lecker duftet.
2	Schlüsselbrett	Bohnen in Tomatensoße	An meinem Schlüsselhaken hängt eine Dose mit meinen Lieblingsbohnen in Tomatensoße.
3	Garderobe	Toastbrot	Meine Jacke kann ich nicht aufhängen, weil an allen Haken Toastbrotscheiben hängen.
4	Küchentisch	Müsli	Glücklicherweise steht auf dem Küchentisch eine große Portion leckeres Müsli.
5	Herd	Spiegeleier	Auf dem Herd brutzeln ein paar Eier für mich.

Übung

1. Überlege dir eine Eselsbrücke, mit deren Hilfe du dir die Abfolge der Planeten (Merkur – Venus – Erde – Mars – Jupiter – Saturn – Uranus – Neptun) merken kannst.
2. Visualisiere die englischen Vokabeln „fork", „spoon" und „knife".
3. Überlege dir eine Route durch dein Zimmer mit mindestens sieben festen und eindeutigen Stationen für die Loci-Technik. Wende sie in der nächsten Zeit zum Lernen an.

Mit einer Lernkartei lernen

?

In vielen Fächern gibt es Begriffe, Fakten und Regeln, die wichtig für deine weitere Arbeit sind und die du deshalb unbedingt so sorgfältig lernen solltest, dass du sie sicher beherrschst. Das ist oft etwas mühsam und eintönig. Wenn du das Auswendiglernen aber abwechslungsreich gestaltest, geht es viel leichter – z. B. mit einer Lernkartei.

! So gehst du vor

Eine Lernkartei erstellen

- Kaufe dir kleine Karteikärtchen (DIN A8 oder DIN A9) in verschiedenen Farben (für jedes Schulfach eine andere Farbe) und eine Karteibox in passender Größe mit mehreren Ablagefächern.
- Beschrifte die Karten mit den Fragen, Begriffen, Regeln oder Vokabeln, die du sicher beherrschen musst.

TIPP

- Nutze zur Gestaltung auch die Tricks der Merktechniken.

→ „MERKTECHNIKEN ANWENDEN", S. 22

	❶	❷
Vokabeln lernen z. B. in Englisch	Ausrufezeichen	exclamation mark !
Regeln lernen z. B. in Mathematik	Welche Regeln sind hier versteckt? $27 - 3 \cdot (4 + 7)$	1. Distributivgesetz ❸ 2. „Punkt vor Strich" 3. „minus · plus = minus" $27 - 3 \cdot 4 - 3 \cdot 7 =$ $27 - 12 - 21 = -6$
Fachbegriffe lernen z. B. in Biologie	❹ 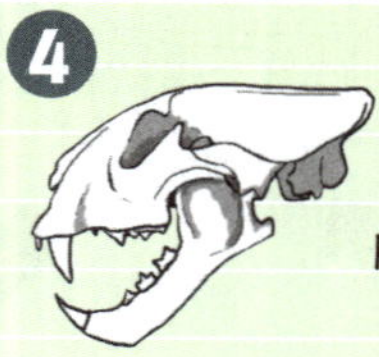 Reißzahn	■ größte Backenzähne im Ober- und Unterkiefer fleischfressender Säugetiere ■ zerschneiden Nahrung wie eine Schere in abschluckbare, kleine Stückchen
Abläufe/Prozesse z. B. in Chemie	Destillation	■ Trennverfahren eines Stoffgemisches ■ versch. Sdt. der Stoffe werden genutzt ■ Flüssigkeit → verdampfen → kondensieren

❶ **Vorderseite der Karteikarte**
nur **eine** Frage, **einen** Begriff oder **eine** Vokabel notieren

❷ **Rückseite der Karteikarte**
Antwort/Erklärung/Lösung
→ „INFORMATIONEN VERKÜRZT AUFSCHREIBEN", S. 16

Beschriftung

- auf beiden Seiten deutlich lesbar schreiben
- Besonderheiten farbig hervorheben ❸
- kleine Bildchen als Erinnerungshilfe hinzufügen ❹
- alle Fragen und Antworten kurz und knapp, aber eindeutig formulieren

Mit der Kartei lernen

- Sprich die Frage oder den Begriff auf einer Karte laut vor dich hin und beantworte die Frage oder erkläre den Begriff auswendig.
- Vergleiche deine Antwort mit der Lösung auf der Rückseite der Karteikarte.
- Die Karteibox ist nicht nur zum Aufbewahren der Karten da, sondern vor allem eine Lernhilfe. Und das geht, wie hier unten erklärt:

1 1. Fach
- höchstens 25 Karteikarten hineinlegen
- alle Karten im 1. Fach nacheinander durchgehen und überprüfen, was du schon sicher weißt
- Karten, deren Inhalt du gut beherrschst, ins 2. Fach legen, die restlichen Karten bleiben im 1. Fach und müssen später so oft geübt werden, bis sie ins 2. Fach können
- neue Karten beginnen immer im 1. Fach

2 2. Fach
- nach einer kleinen Pause die Karten des 2. Faches überprüfen
- Karten, deren Inhalt du gut beherrschst, ins 3. Fach legen, die restlichen Karten wandern zurück ins 1. Fach!

3 3. Fach
- Karten im 3. Fach nach einer Stunde wiederholen
- Karten, deren Inhalt du sicher beherrschst, ins 4. Fach legen, die restlichen wandern zurück ins 1. Fach!
- diese wiederholen, bis sie im 4. Fach angekommen sind

4 4. Fach

Karten im 4. Fach am nächsten Tag wiederholen, bis alle im 5. Fach liegen

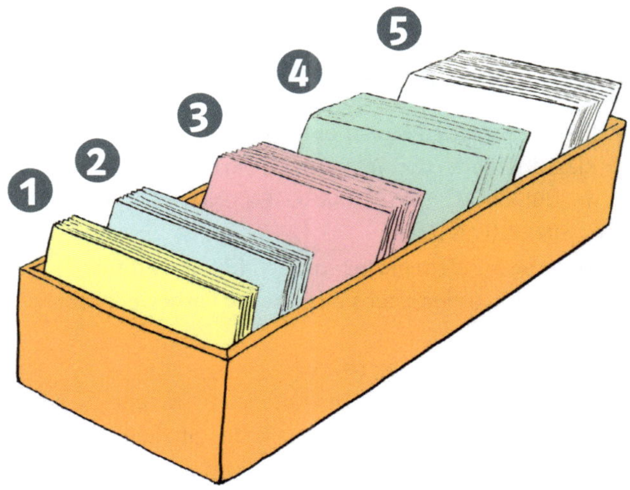

5 5. Fach
- Karten im 5. Fach aufheben, falls sie noch einmal gebraucht werden (Vorbereitung auf eine Klassenarbeit)
- später die Karten mit einem Gummiband zusammenbinden und aufbewahren

TIPP

Beginne auch einmal mit der Rückseite: Was steht auf der Vorderseite?

Übung

1. Welche Fehler kannst du auf dieser Karteikarte entdecken?
   Entwirf Karteikarten, mit denen du den Sachverhalt besser lernen kannst.

Vorderseite	Aus welchen Knochen ist der Unterarm des Menschen aufgebaut und an welchen Gelenken sind sie beteiligt?	Speiche, Ellenbogen, Handgelenk, Elle	Rückseite

2. Übertrage die Vokabeln deiner letzten Englisch-Lektion auf Karteikärtchen und lerne sie mit der Lernkartei.

Prüfungen planen und vorbereiten

?

Klassenarbeiten, Tests und mündliche Prüfungen stehen in der Schule in regelmäßigen Abständen an. Eine wichtige Voraussetzung für ihr erfolgreiches Bestehen sind selbstverständlich regelmäßiges Lernen und Mitarbeiten. Darüber hinaus kann dir eine gezielte Planung und Vorbereitung unmittelbar vor den Prüfungen helfen, für solche Ernstfälle bestens gerüstet zu sein.

! So gehst du vor

Das Lernen planen

- Erstelle für jeden Monat einen Plan, in den du Klassenarbeits- und Testtermine einträgst.
  → „ÜBERSICHT KLASSENARBEITEN UND TESTS", HINTERE UMSCHLAGSEITE
- Beginne mit dem gezielten Üben für eine Prüfung rechtzeitig (mindestens eine Woche vorher, evtl. aber auch früher).
- Gehe bei der Planung so vor:
  - Sichte deine Unterrichtsmaterialien (Mappe, Schulbuch usw.) und erstelle eine Liste mit allen Themen, Aufgabentypen usw., die abgefragt werden können.
  - Erstelle aus dieser Liste eine Sammlung von einzelnen „Lernportionen". Diese sollten
    - so überschaubar sein, dass du sie an einem Tag bewältigen kannst,
    - und sich auf einen inhaltlich zusammenhängenden Themenkomplex beziehen.

TIPP

Frage deine Lehrerin bzw. deinen Lehrer rechtzeitig, was genau Thema der Prüfung sein wird.

Nach einem Arbeitsplan lernen

- Erstelle dir für die Vorbereitung einen Arbeitsplan (siehe S. 27).
  - Gestalte deinen Plan möglichst groß und übersichtlich. Am besten geeignet ist ein Poster, das du gut sichtbar an deinem Arbeitsplatz aufhängst.
- Lege Lern- und Wiederholungsportionen genau fest. ❶
- Trage die Portionen für alle Lerntage und den Wiederholungstag ein. ❷
- Markiere im Plan deutlich:
  - bewältigte Lern- und Wiederholungsportionen: ✓ ❸
  - Lernportionen, bei denen du noch nicht alles verstanden hast: ? ❹
    - Schreibe deine Fragen auf und kläre sie so schnell wie möglich (Lehrer, Freunde, Nachhilfe usw.).
  - Lernportionen, die du nicht geschafft hast und deshalb auf den nächsten Tag verschieben musst: → ❺
- Wiederhole am Wiederholungstag den gesamten Lernstoff. ❻
  - Löse selbstgestellte Testaufgaben unter Zeitdruck (Wecker stellen).
  - Bilde mit Mitschülerinnen und Mitschülern eine Lerngruppe, in der ihr euch gegenseitig abfragt.
  - Lerne keine neuen Inhalte mehr.

TIPP

Lege die Themen, die dir die größten Probleme bereiten, möglichst auf einen frühen Lerntag. So hast du genügend Zeit, sie zu lernen und zu wiederholen.

1. Lerntag Uhrzeit: 14:30		2. Lerntag Uhrzeit: 16:00	
Lernportionen 1		Wiederholung Lernportionen	
unregelmäßige Verben, S. 33 2	✓	unregelmäßige Verben, S. 33	
simple past: Aussagesätze	✓	simple past: Aussagesätze	✓ 3
simple past: Verneinung	→ 5	simple past: Verneinung	? 4
		simple past: Fragen	✓

Letzter Lerntag Uhrzeit: 15:00		Wiederholungstag 6 Uhrzeit: 14:30
Wiederholung Lernportionen		Themen
unregelmäßige Verben, S. 33	✓	unregelmäßige Verben
simple past	✓	simple past: Aussagesätze, Verneinungen u. Fragen
Adjektive u. Adverbien	✓	Adjektive u. Adverbien
Inhalt der Geschichte "At the beach"	✓	"At the beach"

Neue Lernportionen lernen

- Kläre Fakten, Fachbegriffe und genaue Zusammenhänge.
- Löse Übungsaufgaben (z. B. Aufgaben, die zuvor Hausaufgaben waren) und kontrolliere die Lösungen.
- Erstelle eine möglichst kurze schriftliche Zusammenfassung der wichtigsten Fakten.
  → „EIN EXZERPT ERSTELLEN", S. 40
  → „EINE MIND-MAP ERSTELLEN", S. 38
- Bitte eine Freundin, einen Freund oder deine Eltern, dich Gelerntes abzufragen, oder erzähle dir gelernte Zusammenhänge selbst laut.
  - Es ist wichtig, dass du tatsächlich sprichst (nicht nur denkst). Denn wenn du Sätze formulierst, merkst du sofort, was du noch nicht verstanden hast.
- Belohne dich mit einer Kleinigkeit, wenn du dein Arbeitspensum erfolgreich erledigt hast.

TIPP

Schreibe dir einen Spickzettel! Darauf fasst du das Wesentliche übersichtlich kurz zusammen und kannst es so besser behalten. Wenn dein Spickzettel gut ist, wirst du merken, dass du ihn gar nicht mehr brauchst, weil du längst alles im Kopf hast.

Übung

Erstelle dir einen Arbeitsplan für deine nächste Klassenarbeit.

Prüfungen schreiben und nachbereiten

?

Das Schreiben einer Klassenarbeit oder eines Tests kann eine Stresssituation sein, in der es ganz normal ist, dass du nervös bist. Es gibt aber – neben einer guten Vorbereitung – für den Tag X einige Techniken, die dir helfen, deine Aufregung im Zaum zu halten und möglichst konzentriert zu bleiben. Und um langfristig nicht immer die gleichen Fehler zu machen, solltest du sie nach der Rückgabe der Klassenarbeit oder des Tests sorgfältig analysieren – z. B. mit einer Fehlerkartei oder einer Fehlerstatistik, denn: Aus Fehlern wird man klug!

! So gehst du vor

Im Ernstfall überlegt vorgehen

- Gehe am Tag der Klassenarbeit möglichst den Mitschülerinnen und Mitschülern aus dem Weg, die nur über die Prüfung reden.
- Lies dir alle Aufgaben sorgfältig durch und erfasse genau, was du jeweils tun sollst.
  → „AUFGABENSTELLUNGEN ERFASSEN", S. 14
- Kläre Verständnisprobleme zu Aufgabenstellungen sofort mit deiner Lehrkraft.
- Lege einen zeitlichen Rahmen für die Bearbeitung jeder Aufgabe fest.
- Beginne – wenn möglich – mit einer Aufgabe, die dir leichtfällt.
- Halte dich nicht zu lange mit Aufgaben auf, die du zunächst nicht lösen kannst, sondern gehe zu einer anderen Aufgabe über.
- Lege dir zu komplexen Aufgaben, für die du einen umfangreichen Text erstellen musst, unbedingt auf einem Vorbereitungszettel (Konzept) eine Gliederung mit Stichworten zum Inhalt deines Textes an.
- Gleiche, wenn du eine Aufgabe bearbeitet hast, Aufgabenstellung und Lösung miteinander ab. Prüfe:
  - Ist dein Gedankengang schlüssig?
  - Sind deine Formulierungen eindeutig und unmissverständlich?
  - Hast du genau den in der Aufgabenstellung gesetzten Schwerpunkt bearbeitet?
  - Hast du alle Teile der Aufgabenstellung berücksichtigt?
- Lege – wenn möglich – nach jeder Aufgabe eine kurze Pause (ca. eine Minute) ein.
- Überprüfe am Schluss die gesamte Arbeit auf Rechtschreibung, Grammatik und Zeichensetzung. Gehe Satz für Satz von hinten nach vorne durch.

TIPP

Solltest du am Ende der Arbeitszeit nicht ganz fertig geworden sein, notiere unbedingt – deutlich erkennbar – unter deiner Arbeit „Rest, s. Konzept". Wenn deine Lehrkraft durch deinen Zettel erkennen kann, dass du richtig weitergedacht hast, wirst du sicher nicht alle, aber bestimmt noch ein paar mögliche Punkte bekommen.

Aus Fehlern lernen

Eine Fehlerkartei anlegen

Die Fehlerkartei hilft dir, deine Schwächen zu erkennen. So kannst du gezielt üben, um sie zu beseitigen.

- Notiere jeden Fehlertyp auf einem Karteikärtchen. ❶
- Lege zu Fehlern, die mehrmals auftreten, jeweils ein eigenes Kärtchen an.
- Schreibe auf die Rückseite jeder Karte die zum Fehler gehörige Regel, einen Merksatz oder ein Beispiel. ❷
  → „MERKTECHNIKEN ANWENDEN", S. 22
- Sortiere alle Karten in deine Lernkartei ein und arbeite sie regelmäßig durch.
  → „MIT EINER LERNKARTEI LERNEN", S. 24

❶
Art des Fehlers:
3. Person Singular: –s

❷
Regel:
He, she, it:
–s muss mit!

Beispiel:
He works in a shop.

Eine Fehlerstatistik führen

Eine Fehlerstatistik zeigt dir besonders deutlich, wo deine Schwächen, aber auch deine Fortschritte liegen.

- Lege dir eine Tabelle nach dem Muster unten an.
- Bestimme in einer Klassenarbeit die Art aller Fehler und notiere sie im vorgesehenen Feld.
- Trage für jedes Mal, wenn der Fehler in deiner Arbeit auftaucht, einen Strich im entsprechenden Feld ein.

TIPP

Frage deine Lehrerin bzw. deinen Lehrer vor der Klassenarbeit, ob du einen „Erinnerungszettel" mitnehmen darfst, auf dem du aufschreibst, welche Art von Fehlern du besonders im Auge behalten willst, damit sie dir in dieser Arbeit nicht unterlaufen.

Fehlerstatistik

Fach: Deutsch	Klasse: 7		
Art des Fehlers	1. Klassenarbeit	2. Klassenarbeit	3. Klassenarbeit
Groß- und Kleinschreibung	IIII	II	I
s-Laute	II	IIII	–
Satzbau	~~IIII~~ III	III	III
Satzzeichen: wörtliche Rede	III	–	–

Übung

1. Überlege dir zu jedem Punkt aus „Im Ernstfall überlegt vorgehen" auf S. 28 eine kurze Begründung, warum es sinnvoll ist, diesen Hinweis zu beachten.
2. Lege für die zwei letzten Klassenarbeiten in einem Fach deiner Wahl eine Fehlerkartei oder eine Fehlerstatistik an.

In der Bibliothek und im Internet recherchieren

?

Oft musst du – z. B. für eine Hausaufgabe oder zur Vorbereitung eines Referats – nach geeignetem Informationsmaterial zu einem Thema recherchieren. Am besten gehst du dazu in eine Bibliothek oder suchst im Internet. Damit du möglichst schnell an die gewünschten Informationen gelangst, sollte deine Recherche zielgerichtet und strukturiert sein. Dafür ist es hilfreich, bestimmte Suchtechniken anzuwenden und ein paar Tipps zu beachten.

! So gehst du vor: In der Bibliothek recherchieren

Bibliotheken haben meist einen Online-Suchkatalog, in dem jedes Buch verzeichnet ist. Der Erfolg deiner Recherche hängt davon ab, ob du die richtigen Suchbegriffe eingibst und ob du aus den Quellen, die dir daraufhin angegeben werden, die geeigneten aussuchst.

1. Schritt: Suchbegriffe eingeben

Der Online-Katalog jeder Bibliothek sieht etwas anders aus. Es kann sein, dass dir nicht jeder der folgenden Tipps bei deiner Bibliothek weiterhelfen kann. Die meisten Punkte wirst du aber in der angegebenen oder ähnlicher Form wiederfinden:

- Suche nach Einzelbegriffen:
  - Stichwörter: Einzelwörter, die im Text der Quelle enthalten sind
  - Schlagwörter: Einzelwörter, die nicht unbedingt im Text der Quelle enthalten sind, oder übergeordnete Begriffe zum gesuchten Thema
  - Probiere auch synonyme Begriffe (z. B. Einwanderer; Immigrant) und verwandte Begriffe (z. B. Fell; Pelz) aus.
- Schränke die Treffer ein:
  - Setze Begriffe, die genau so in der Quelle vorkommen sollen, in Anführungszeichen, z. B.: „Hermann der Cherusker“
  - Kombiniere zwei bestimmte Begriffe, die in der Quelle vorkommen sollen, mit +, z. B.: Stock+Hut, Freud+Wonne.
  - Schließe Begriffe, die nicht vorkommen sollen, durch – vor den jeweiligen Begriffen aus.
- Verfeinere die Suche, indem du Folgendes zwischen den Suchbegriffen eingibst oder vor den Suchfeldern auswählst:
  - UND (es wird nach beiden Begriffen gesucht),
  - ODER (es wird entweder nach dem einen oder dem anderen Begriff gesucht),
  - NICHT (nach diesem Begriff wird nicht gesucht).

2. Schritt: Die Quellen auswählen

- Wähle nur „zitierwürdige“ Quellen aus
  - von Fachpersonen
  - oder vertrauenswürdigen Organisationen.
- Prüfe die Aktualität der Quelle.
- Prüfe kurz den Inhalt der Quelle.
  → „LESEN I: SKIMMING UND SCANNING“, S. 32

TIPP

In manchen Bibliotheken musst du in Karteikartensystemen recherchieren. Hier ist die Anordnung der Begriffe hierarchisch, z. B.:
1. Skelett → 2. menschlich
1. Märchen → 2. China → 3. Drache

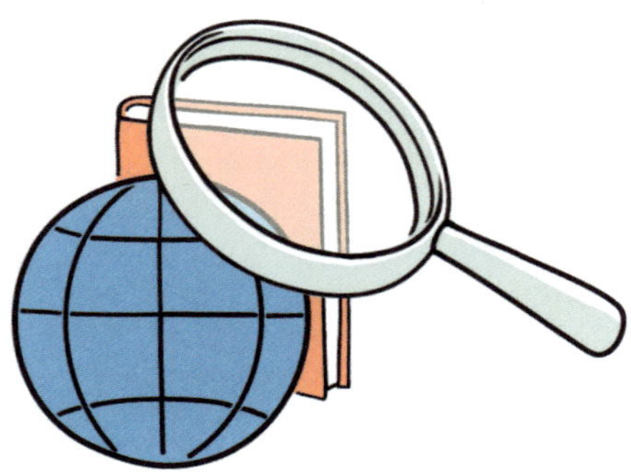

So gehst du vor: Im Internet recherchieren

Im Internet suchst du mithilfe einer Suchmaschine (z. B. Google, Fireball oder Yahoo). Diese Suchmaschinen liefern dir leicht tausende Treffer von Hinz und Kunz. Das sind meist viel zu viele, um sie alle zu lesen! Es ist daher wichtig, dass du auf die Seriosität, also auf die Zitierwürdigkeit der Quelle, besonders achtest und die Techniken der Einschränkung der Treffer anwendest. So hast du eine Chance, dass dir möglichst wenige, aber geeignete Treffer angezeigt werden.

TIPP

Bei manchen Sachthemen ist es hilfreich, nicht über den Suchbereich „Web"/„Alle" zu suchen, sondern über „Bilder" und vom ausgewählten Bild aus die zugehörige Quelle aufzurufen.

- Gib Suchbegriffe zum Thema in das Suchfeld der Suchmaschine ein.
  Außer bei Google kannst du dafür die bei der Onlinesuche in einer Bibliothek verwendeten Kürzel nutzen. Google verbindet automatisch alle eingegebenen Begriffe mit „und".
- Prüfe die Suchergebnisse mithilfe der Angaben der Suchmaschine.
  - Passt die Quelle zum Thema?
  - Ist die Quelle aktuell?
  - Ist die Quelle zitierwürdig (Autor, Herkunft)?
  - Ist der Inhalt brauchbar?
    → „LESEN I: SKIMMING UND SCANNING", S. 32
- Speichere brauchbare Quellen ab.
- Speichere die Adressen der ausgewählten Quellen gleich in einem Textdokument („Quellen zu … ").

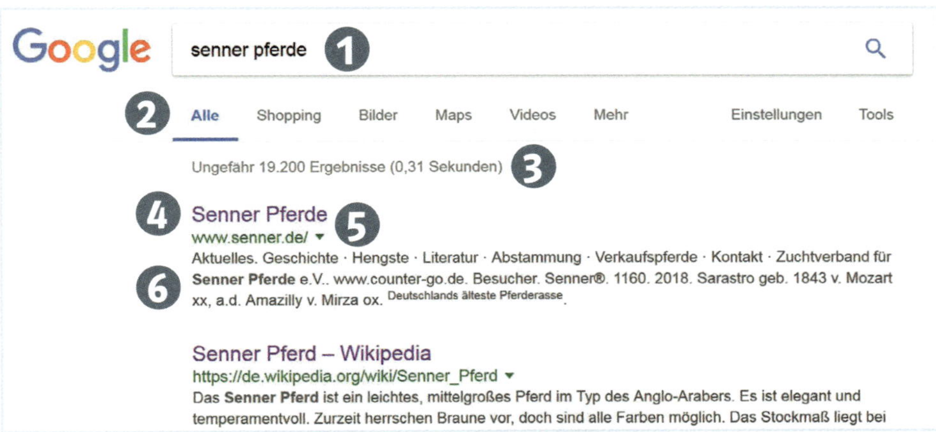

1 Suchfeld

2 Suchbereich

3 gefundene Treffer

4 Titel der Quelle

5 Adresse der Quelle (Link)

6 Textauszug mit Suchbegriff

Übung

1. Probiere bei deiner nächsten Internetrecherche die verschiedenen Möglichkeiten der Quellensuche aus.
2. Vergleiche, wenn du die Suche einschränkst, jeweils die Anzahl der gefundenen Treffer.
3. Im Lipperland werden in der Nähe von Detmold seit 1160 die „Senner Pferde" gezüchtet. Die Rasse gilt somit als die älteste Pferderasse unseres Landes. Finde durch eine Internetrecherche heraus, welche Besonderheiten diese Rasse auszeichnen, an welchem Brandzeichen man sie erkennen kann und warum man sie heute so selten in Deutschland antrifft. Suche über das Internet einen möglichst kurzen Weg, um den Pferden einen Besuch abzustatten.

Lesen I: Skimming und Scanning

?

Texte sind das Medium, mit dem du es in der Schule am häufigsten zu tun hast. Sie begegnen dir z. B. in Schulbüchern, auf Arbeitsblättern und bei der Recherche im Internet. Um ihnen schnell die Informationen entnehmen zu können, die du wirklich brauchst, solltest du dir verschiedene Lesetechniken aneignen. Sie ermöglichen es dir, einen Text auf eine bestimmte Weise zu lesen – je nach dem Ziel, das du damit verfolgst. Wenn du nicht alle Detailinformationen eines Textes benötigst, kommen zwei Lesetechniken infrage: Skimming und Scanning.

! So gehst du vor

Skimming: Einen Text überfliegen

- Mit dieser Lesetechnik kannst du
  - einen Überblick über den Text erhalten,
  - den Hauptgedanken oder das Thema des Textes erfassen.
- Wende die Methode an, wenn du
  - Texte zur weiteren Bearbeitung (z. B. für ein Referat) auswählen willst,
  - eine Kurzzusammenfassung des Textinhalts erstellen willst.
- Gehe folgendermaßen vor:
  - Überfliege den gesamten Text möglichst schnell und „in einem Rutsch":
    Lies dabei nicht jedes Wort, sondern
    - nimm nur Schlüsselbegriffe auf bzw.
    - lies jeweils den ersten und letzten Satz jedes Abschnitts.
  - Nutze die Hilfen des Textes:
    - Lies den Titel/Untertitel.
    - Sieh dir Bilder, Grafiken, Tabellen an.
    - Achte auf fett oder kursiv Gedrucktes.
- Fasse die Hauptaussage des Textes in ein bis zwei Sätzen zusammen.

Scanning: Einen Text mit einem bestimmten Ziel lesen

- Mit dieser Lesetechnik kannst du dem Text spezielle Detailinformationen zu einem vorgegebenen Thema oder zu einer bestimmten Frage entnehmen.
- Wende die Methode an, wenn du z. B.
  - in einem Text nach einem bestimmten Begriff suchst,
  - in einer Kurzgeschichte nach Informationen zum Handlungsort suchst.
- Gehe folgendermaßen vor:
  - Überlege dir vor dem Lesen geeignete Stichwörter bzw. verwandte Begriffe, nach denen du suchen willst.
  - Überfliege den gesamten Text bzw. die ausgewählte Textpassage möglichst schnell.
  - Nutze die Hilfen des Textes (z. B. Teilüberschriften lesen).
  - Suche nach den ausgewählten Stichwörtern bzw. verwandten Begriffen und markiere sie.
  - Lies nicht jedes Wort.

TIPP

Setze dir sowohl beim Skimming als auch beim Scanning, bevor du anfängst, ein (knapp kalkuliertes!) Zeitlimit für die Bearbeitung.

Übung

Entscheide, welche der beiden Lesetechniken du bei den folgenden Arbeitsaufträgen sinnvollerweise anwendest. Gib gegebenenfalls auch an, nach welchen Stichwörtern du suchen willst.

Arbeitsauftrag	geeignete Lesetechnik	evtl. Stichwörter
Benenne Millers Einstellung zum Einsatz von Pestiziden in der Landwirtschaft.		
Welche beiden Gründe nennt der Autor für den Anstieg der Zahl der Einwanderer in den USA?		
Wann schrieb J. W. von Goethe den Roman „Die Wahlverwandtschaften"?		
Beurteile, ob der vorliegende Text zur Beschreibung der Parfümherstellung geeignet ist.		
Welche Stationen bei der Herstellung von Weihnachtsmännern nennt die Autorin?		
Nenne die drei wichtigsten Thesen der Autorin.		
Definiere den Begriff „Reptil".		

Lesen II: Die 5-Schritt-Lesetechnik

?

Häufig musst du einem Text alle für eine bestimmte Fragestellung relevanten Detailinformationen entnehmen, um sie in einem nächsten Schritt weiterzuverarbeiten – z. B. in einer schriftlichen Ausarbeitung oder in einem Referat. Wenn du dabei unnötige Arbeit vermeiden und den Text nicht mehrmals lesen willst, weil du das Wichtigste schon wieder vergessen hast, solltest du planvoll nach der 5-Schritt-Lesetechnik vorgehen.

! So gehst du vor

1. Schritt: Sich einen Überblick verschaffen

Fange nicht sofort mit dem Lesen an, sondern verschaffe dir zuerst einen Überblick über den Text:

- Was ist das genaue Thema des Textes?
- Welche grundsätzliche Einstellung vertritt der Autor?
- Wie ist der Text aufgebaut? Gibt es z. B. Teilüberschriften, die dir sagen, was in den einzelnen Abschnitten steht?

TIPP

Gehe dabei nach dem Verfahren des Skimmings vor.

→ „LESEN I: SKIMMING UND SCANNING", S. 32

2. Schritt: Fragen an den Text stellen

- Überlege, welche Fragen dir der Text beantworten soll.
- Erfasse die dir gestellten Untersuchungsaufgaben und Untersuchungsfragen genau, bevor du mit dem Lesen beginnst.
  → „AUFGABENSTELLUNGEN ERFASSEN", S. 14

TIPP

Es kann hilfreich für dich sein, wenn du dir deine Fragen auf einen Zettel aufschreibst.

3. Schritt: Den Text gründlich lesen

- Lies den Text langsam und gründlich.
- Suche beim Lesen nach den Informationen, die deine Fragen beantworten.

4. Schritt: Das Gelesene kurz zusammenfassen

- Mache nach jedem größeren Abschnitt eine kleine Lesepause: Fasse in Gedanken zusammen, was du gerade gelesen hast.
- Markiere und unterstreiche die Informationen, die für die Beantwortung deiner Fragen wichtig sind. Gehe dabei vor, wie im Beispiel rechts dargestellt.

5. Schritt: Den Inhalt zusammenfassen

- Fasse die wichtigsten Informationen des Textes – eventuell schriftlich – zusammen, z. B.
  - in einer Mind-Map
    → „EINE MIND-MAP ERSTELLEN", S. 38
  - oder in einem Exzerpt.
    → „EIN EXZERPT ERSTELLEN", S. 40
- Stütze dich dabei nur auf deine Markierungen. Wenn sie gut sind, brauchst du den Text nicht noch einmal zu lesen.

Aufgaben:

1. Liste die Entwicklungsstadien der europäischen Aale und ihre jeweiligen Merkmale übersichtlich auf.
2. Nenne den Ort der Eiablage der europäischen Aale. Finde den Ort in einem Atlas und beschreibe kurz seine Lage.

Der europäische Aal

Europäische Aale leben in Flüssen, Seen und Bächen. Aber auch im Meer verbringen sie eine Zeit ihres Lebens. Sie schlüpfen in der Sargasso-See vor der amerikanischen Küste aus den dort in etwa 400 Metern Tiefe abgelegten Eiern. Dort fand man die frühesten Junglarven der Aale. Diese sogenannten Weidenblattlarven wandern im Laufe ihrer ersten drei Lebensjahre bis an die Küsten Europas. Dort kommen sie als etwa 7 cm lange, durchsichtige Glasaale an. Wenn sie nun als sogenannte Steigaale die Flüsse hinaufwandern, bildet ihre Haut Farbstoffe aus und sie beginnen, als Gelbaale von tierischer Nahrung zu leben, bis sie sich zu adulten Tieren entwickelt haben. Sind die weiblichen Aale nach neun bis fünfzehn Jahren etwa 1,50 m lang und sechs Kilogramm schwer, entwickeln sie sich zum fortpflanzungsfähigen Silberaal. Diese wandern gemeinsam mit den in Küstennähe verbliebenen, kleineren Männchen im Herbst in den Atlantik und gegen den Golfstrom 7000 km ohne jegliche Nahrungsaufnahme in die Sargasso-See. Dort laichen sie und sterben danach.

4 erwachsen, geschlechtsreif

1
- Schlüsselwörter/Operatoren in der Aufgabe und im Text in derselben Farbe markieren
- für jede Aufgabe eine andere Farbe verwenden

2
Fachbegriffe, die du dir merken musst, im Text einkreisen

3
im Text wichtige Informationen mit Lineal und einem dünnen Stift in derselben Farbe wie das zugehörige Schlüsselwort/den zugehörigen Operator unterstreichen

4
- unbekannte Wörter mit einer Wellenlinie unterstreichen
- ihre Bedeutung nachschlagen
- an den Rand schreiben und in der Farbe der Wellenlinie umranden

Übung

Lies den Text „Black Smoker" auf Seite 69 mithilfe der 5-Schritt-Lesetechnik. Die folgenden Aufgaben solltest du anschließend mündlich lösen können.

1. Fasse die Informationen über das Aussehen eines Black Smokers zusammen.
2. Beschreibe die Entstehung eines Black Smokers.

Lesen III: Diagramme lesen und auswerten

?

Willst du die Informationen einer Grafik verstehen und wiedergeben, musst du die bildlich dargestellten Informationen der Grafik in Worte fassen, du musst das Visualisierte verbalisieren. Das ist – je nach Grafik – eine recht komplexe Aufgabe. Sie gelingt am besten, wenn du auch hier planmäßig vorgehst, bestimmte Schritte nacheinander abarbeitest und dabei – wie bei einer Checkliste – bestimmte Fragen berücksichtigst.

! So gehst du vor

Beispiel für ein Kurvendiagramm:

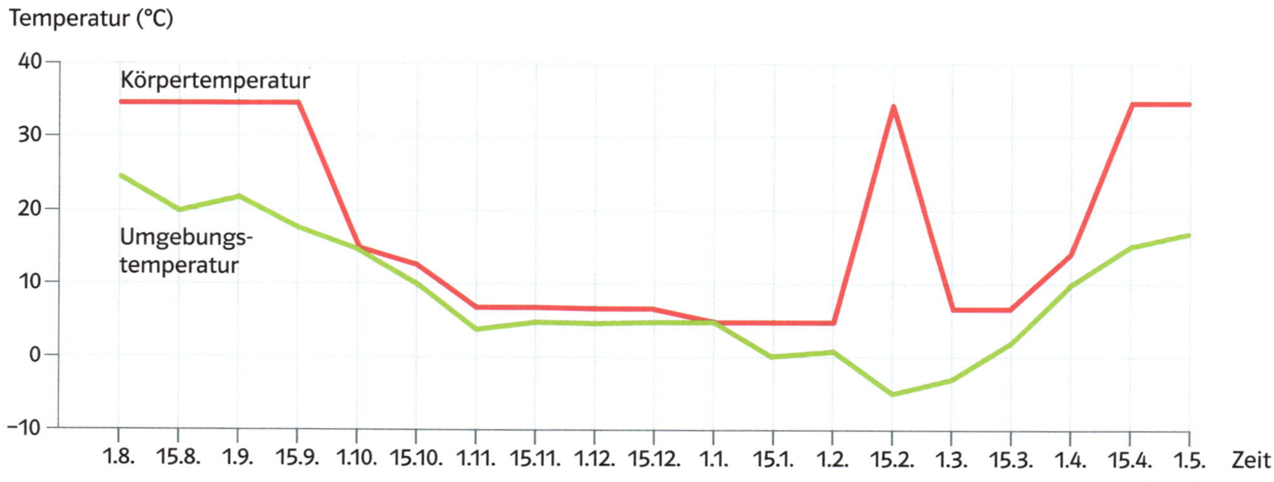

Körpertemperatur des Igels im Jahreslauf

1. Schritt: Die Informationen einordnen

- Welches Thema wird behandelt? Was wird dargestellt?
- Wer hat die Untersuchung durchgeführt? Ist eine Quelle der Grafik angegeben?
- Worauf beruhen die Informationen (Bericht, Versuch …)?
- Auf welchen Zeitraum bezieht sich die Untersuchung?
- Wann wurde die Untersuchung veröffentlicht?
- Welche Informationen (Parameter der x- und y-Achse) werden verglichen?
- In welchen Maßeinheiten werden die Werte angeben?

2. Schritt: Die bedeutenden Informationen beschreiben

- Fasse den allgemeinen Verlaufstrend der Daten zusammen.
- Bei welchen Werten liegen Maxima, also die höchsten Werte, bei welchen Minima, also die niedrigsten Werte?
- Nenne bedeutende/typische Einzelwerte.
- Gib an, welche auffälligen Abweichungen vom dem zu erwartenden Datenverlauf zu erkennen sind.

3. Schritt: Die Informationen auswerten

- In welche Hauptaussage lassen sich die Informationen fassen?
  - Wie lässt sich der Verlauf der Daten, wie lassen sich die angesprochenen Tendenzen fachlich erklären?
  - Wie lassen sich die hervorgehobenen Einzelwerte fachlich erklären?
  - Welche allgemeine(n) Entwicklung(en) lässt/lassen sich ableiten?

4. Schritt: Die Informationen bewerten

- Fasse kurz die wichtigsten Ergebnisse deiner Auswertung zusammen.
- Beurteile, wie zuverlässig, unabhängig oder tendenziös (z. B. durch eine bestimmte Art der Darstellung, bestimmte Interessen usw.) die Quelle ist. Prüfe in diesem Zusammenhang bei Prozentangaben, wie groß der absolute Wert der untersuchten Objekte ist und wie viel dann 1% bzw. 10% ausmachen.
- Wie sinnvoll, eindeutig bzw. missverständlich ist die Art der Darstellung (Abstände der Werte auf den Achsen, Beginn der y-Achse ...)?
- Welche Anschlussfragen ergeben sich?

TIPP

Du solltest **immer** – wenn es die Grafik ermöglicht – genaue Zahlenwerte angeben! Begründe/belege **immer** mit ausgewählten Zahlenwerten der Grafik!

Übung

Werte die Kurvengrafik „Körpertemperatur des Igels im Jahreslauf" nach den vorgegebenen Kriterien – so weit du kannst in Stichworten verkürzt – aus.

Eine Mind-Map erstellen

?

Das Verfahren des Mind-Mappings bietet sich immer dann an, wenn du Informationen kurz, übersichtlich und bildlich darstellen willst. Du kannst damit z. B. eine Ideensammlung zu einem Thema erstellen, beispielsweise vor der Reinschrift deiner Deutscharbeit. Es lassen sich mit einer Mind-Map Texte zusammenfassen oder ersetzen, etwa bei der Vorbereitung eines Referates oder beim Hören eines Vortrags. Aber auch Gliederungen für eigene Texte lassen sich entwerfen und anschaulich darstellen, Grammatikregeln visualisieren, Wortfelder für systematische Vokabellisten zu thematischen Schwerpunkten zusammenstellen, Vortragskarten gestalten usw.

! So gehst du vor

Das Thema

- Verwende ein DIN-A4-Blatt (unliniertes Papier oder Kästchenpapier).
- Beginne in der Mitte des Blattes und schreibe dort das Thema auf, das im Zentrum deiner Mind-Map stehen soll. Schreibe in großen Buchstaben.

Die Hauptäste

- Schreibe einen ersten Oberbegriff – der dir zu diesem Thema einfällt bzw. der in dem Text, den du zusammenfassen sollst, genannt wird – in einer anderen Farbe.
- Verbinde diesen Oberbegriff in derselben Farbe mit dem Thema so, dass der Oberbegriff am Ende auf der Astlinie steht.
- Füge weitere Hauptäste in jeweils einer anderen Farbe hinzu.
- Beschrifte die Hauptäste mit Schlüsselbegriffen. Schreibe möglichst auf jeden Ast nur ein Wort.

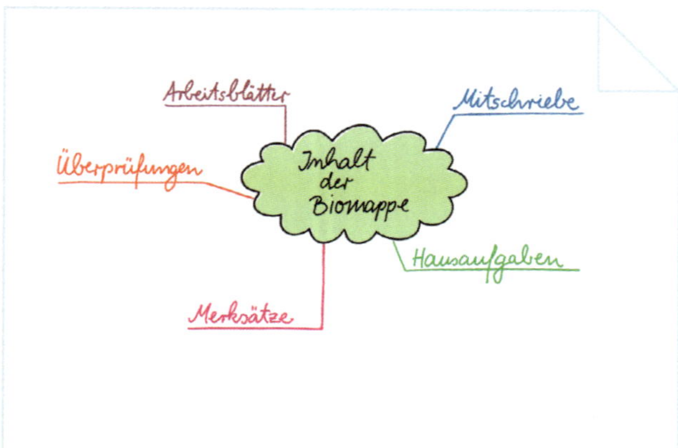

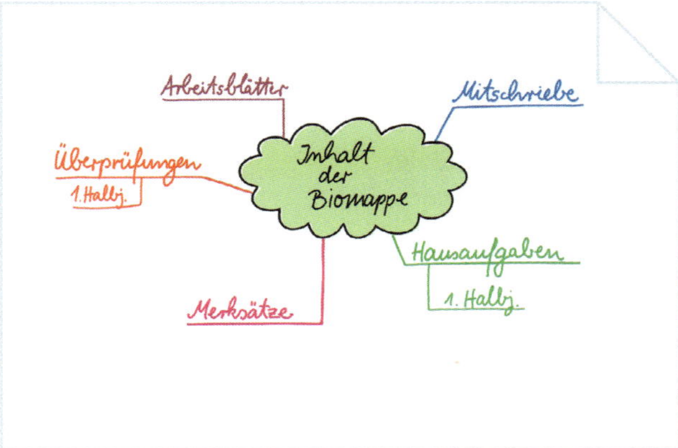

Die Nebenäste

- Füge den Hauptästen eine zweite Ebene hinzu (Nebenäste).
- Benutze für den Nebenast und seine Beschriftung dieselbe Farbe wie für den Hauptast.
- Drehe das Blatt beim Schreiben nicht, sondern achte darauf, dass du immer waagerecht schreibst.

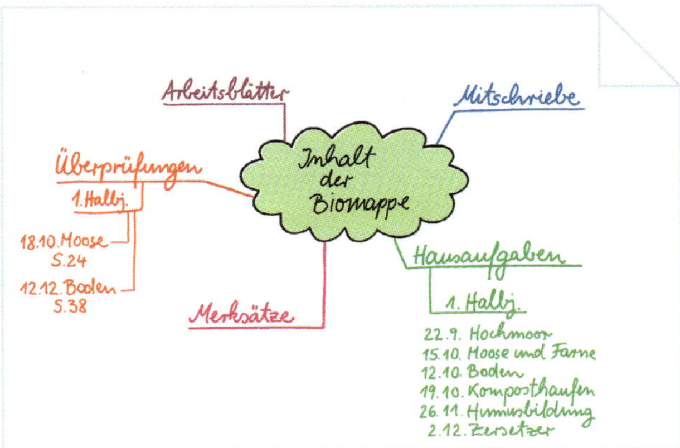

Weitere Äste

- Füge den Nebenästen weitere Ebenen hinzu, falls es nötig ist.
- Integriere an wichtigen Stellen Bilder bzw. Symbole.
- Lass deinen Gedanken freien Lauf und „springe" auf der Mind-Map hin und her, sobald dir neue Ideen, Verbindungen usw. einfallen.

Übung

1. Auf Seite 69 findest du einen Text über Black Smoker. Fasse die Informationen dieses Textes in einer Mind-Map zusammen.
2. Überlege, worin Vorteile bzw. Nachteile einer Mind-Map liegen.

Ein Exzerpt erstellen

?

Ein ausführliches Exzerpt solltest du immer dann erstellen, wenn du – z. B. im Rahmen eines Referats oder einer Facharbeit – mit den Informationen, die du einem Text oder einem Film entnimmst, noch weiterarbeiten willst. Im Exzerpt stellst du diese Informationen mit Hinweisen für die anschließende Ausarbeitung stichwortartig zusammen und kannst später bei deiner Endfassung gezielt darauf zurückgreifen. Je nach Aufgabe, die du bearbeitest, wählst du zur Ergebnissicherung das Verlaufsexzerpt oder das schwerpunktorientierte Exzerpt.

! So gehst du vor

Grundregeln

- Verwende Papier im Querformat.
- Notiere Thema, Datum, Quelle (bzw. Art der Quelle) im Kopf des Exzerptes. ❶
- Lege Spalten an:
  - für den Inhalt des Exzerptes (breit) ❷
  - für Notizen (schmal) ❸
- Verwende sinnvolle Abkürzungen, die du immer gleich benutzt, z. B.:
  TA = Tafelanschrieb
  D = Definition
  Fa = Fachausdruck
  ? = unklar, noch klären
  Zit. = Zitat
- Schreibe in Stichworten, gliedere dabei hierarchisch.
  → „INFORMATIONEN VERKÜRZT AUFSCHREIBEN", S. 16
- Notiere ganz wichtige Aussagen deiner Quelle als Zitat.
  → „ZITIEREN UND QUELLEN ANGEBEN", S. 42
- Trage unter „Notizen" alle Ideen, Gedanken, Bezüge, Fragen, Widersprüche usw. ein, die dir für die Ausarbeitung wichtig erscheinen.
- Ordne deine Notizen eventuell abschließend am Rand mit 1., 2., 3. usw. so, wie du sie in der Ausarbeitung gliedern willst.

Ein Verlaufsexzerpt erstellen

Du fertigst eine verkürzte Mitschrift aller wichtigen Informationen an und zwar in der Reihenfolge, in der die Informationen gegeben werden. Anschließend notierst du Bemerkungen, Verweise, Fragen usw. an entsprechender Stelle in der Spalte „Notizen".

Ein schwerpunktorientiertes Exzerpt erstellen

Bei diesem Exzerpttyp schreibst du nur die Informationen auf, die – nach dem Schwerpunkt der gestellten Aufgabe – wichtig sind. Du musst die Informationen unter Umständen nach verschiedenen Schwerpunkten sortieren.

Schema eines Verlaufsexzerptes:

Thema: Klimawandel ❶ Datum: 14.12.20...
Quelle: Müller, Michael: Nachhilfe für Klimaskeptiker. In: natur + kosmos, 2007, Dez., 16–18

Exzerpt ❷

- „Das Klima ist durch von Menschen verursachte CO_2–Emissionen nicht nachweisbar zu beeinflussen." (Zit.)
  → „Klimamanifest von Heiligenroth" = Bürger gegen Klimaschutz

<u>Was ist dran?</u>

- Wie funktioniert der Treibhauseffekt (THE)?
  - Ohne natürlichen THE Temperatur der Erde: im Mittel −18 °C statt +15 °C
  - Grund: Wasserdampf und CO_2 in der Atmosphäre
    → halten Wärmestrahlen vor Reflektion ins All zurück
- Was hat der Mensch damit zu tun?
  - Industrialisierung → Verbrennung von Öl, Gas und Kohle
    → Zunahme von CO_2 in der Atmosphäre
    1850: 280 CO_2–Teilchen/Mill. Gasteilchen
    heute: 385 " / " "
    ‹ THE

Notizen ❸

← Behauptungen/Argumente der Klimaskeptiker

↓ <u>Grundlagen für THE</u>

→ „natürl." THE Fa!

→ „anthropogener" THE Fa!
‹ ca. 30 %

⇨ THE heute = nat. + anthrop. THE

Schema eines schwerpunktorientierten Exzerptes:

Thema: Klimawandel ❶ Datum: 14.12.20...
Schwerpunkt: Wie entsteht der Treibhauseffekt (THE)?
Quelle: Müller, Michael: Nachhilfe für Klimaskeptiker. In: natur + kosmos, 2007, Dez., 16–18

Exzerpt ❷

- Wie funktioniert der Treibhauseffekt?
  - Grund: Wasserdampf und CO_2 in der Atmosphäre
    → halten Wärmestrahlen vor Reflektion ins All zurück
- Was hat der Mensch damit zu tun?
  - Industrialisierung → Verbrennung von Öl, Gas und Kohle
    → Zunahme von CO_2 in der Atmosphäre
    1850: 280 CO_2–Teilchen/Mill. Gasteilchen
    heute: 385 " / " "
    ‹ THE

Notizen ❸

↓ <u>Grundlagen für THE</u>

→ „natürl." THE Fa!

→ „anthropogener" THE Fa!
‹ ca. 30 %

⇨ THE heute = nat. + anthrop. THE

Übung

1. Du sollst bis nächste Woche den Text „Black Smoker" (siehe S. 69) lesen und den Inhalt wiedergeben können.
   Welchen Exzerpttyp wählst du? Erstelle ein Exzerpt des Textes.
2. Exzerpiere den Text „Black Smoker" unter folgenden Fragestellungen:
   - Wie entstehen Black Smoker?
   - Welche Lebensformen finden sich in ihrer Umgebung?

Zitieren und Quellen angeben

? Es kommt oft vor, dass du z. B. in einem Referat oder einer Facharbeit auf Informationen zurückgreifen musst, die von anderen veröffentlicht worden sind. Deine Leistung besteht dann darin, dass du verschiedene Quellen zurate ziehst, die Informationen sinnvoll auswählst, sie in Bezug auf dein Thema – deiner Gliederung entsprechend – in eigenen Worten formulierst und schlüssig auswertest. Um diese Leistung erkennbar zu machen, musst du genau angeben, woher und von wem die Informationen stammen.

! So gehst du vor: Zitieren

Grundregeln

1. Mache alle wörtlich übernommenen Fremdinformationen als Zitate kenntlich.
2. Gib sinngemäße Übernahmen so wieder, dass der Inhalt ihrer Aussage unverändert ist.

In Referaten zitieren

- Weise an entsprechender Stelle mündlich auf die jeweilige Quelle/den Autor hin.
- Vermerke die genauen Quellenangaben im Konzept bzw. auf dem Handout.

In schriftlichen Ausarbeitungen zitieren

- Setze Zitate in Anführungszeichen.
  - Mache Auslassungen durch Punkte in Klammern kenntlich. ❶
  - Setze Einfügungen in runde Klammern. ❷
  - Setze grammatische Angleichungen in eckige Klammern. ❸
- Füge kurze Zitate absatzlos in deinen Text ein.
- Rücke lange Zitate mit einem Absatz ein.
- Gib die Quelle so an:
  - (Autor Jahr: Seitenzahl)
    oder
  - setze einen hochgestellten Index (z. B.: ³).
    - Nummeriere die Indizes in der Arbeit fortlaufend.
    - Gib die Quelle für den Index in einer Fußnote am Seitenende wie im Quellenverzeichnis an.
  - Verwende in einer Arbeit immer nur eine der Varianten!
- Bei mindestens zwei aufeinanderfolgenden Zitaten aus der gleichen Quelle verwende den verkürzten Quellenverweis „ebenda“: (ebd.: Seitenzahl).
- Setze sinngemäße Übernahmen nicht in Anführungszeichen. Verweise aber mit „vgl.“ auf die Quelle. ❹

Zitierweisen

Die Gesundheit eines Pferdes ist durchaus auch von der Art der Haltung abhängig. Untersuchungen zeigen, dass Pferde, die ganztägig auf der Weide gehalten werden, im Durchschnitt deutlich geringere gesundheitliche Anfälligkeiten aufweisen als reine Stallpferde.	
Es wird lediglich ein **Begriff** zitiert.	Es hat sich gezeigt, dass „Stallpferde“ (Tietz 2002: 18) gesundheitlich anfälliger sind.
Das Zitat bleibt **vollständig erhalten.**	Die Fütterung eines Pferdes allein reicht nicht, denn: „Die Gesundheit eines Pferdes ist durchaus auch von der Art der Haltung abhängig.“ (Tietz 2002: 17)
Das Zitat wird in **Auszügen** verwendet.	Tietz sagt, dass Weidepferde „(...) ❶ geringere gesundheitliche Anfälligkeiten aufweisen (...)“. (Tietz 2002: 17–18)
Das Zitat muss dem Satz **grammatisch angeglichen** werden.	Berücksichtigt man die unterschiedlichen Möglichkeiten der Haltung, zeigt sich, dass bei „(...) Pferde[n], die ganztägig auf der Weide gehalten werden, (...) deutlich geringere gesundheitliche Anfälligkeiten (...) (auftreten) ❷ als (bei) reine[n] ❸ Stallpferde[n].“ (Tietz 2002: 17–18)
Eine Aussage wird **sinngemäß übernommen.**	Die Gesundheit eines Pferdes wird auch von seiner Haltung beeinflusst. (vgl.: Tietz 2002: 17–18) ❹

! So gehst du vor: Quellen angeben

Quellen im Quellenverzeichnis (= Literaturverzeichnis) angeben

- Ordne die Quellen alphabetisch nach den Nachnamen der Autoren.
- Ordne mehrere Quellen eines Autors mit der ältesten beginnend chronologisch, also zeitlich geordnet.
- Ordne Internetadressen ohne Autor im Anschluss an die Literaturquellen alphabetisch nach Titel.
- Füge Bildquellen in einem Bildverzeichnis dem Literaturverzeichnis an. Sortiere dabei in der Abfolge der Nummerierung deiner Abbildungen.

Quellenarten

Die Quelle ist ...		
ein Buch	mit einem Autor: Autor: Titel. Ort, Jahr	Tietz, D.: Pferdehaltung. Stuttgart, 2002.
	mit einem Herausgeber: Herausgeber (Hrsg.): Titel. Ort, Jahr	Schmitt, A. (Hrsg.): Haustierhaltung. Hamburg, 2003.
ein Zeitungsartikel	Autor d. Artikels: „Titel d. Artikels". In: Titel d. Zeitschrift. Jahr/Heftnr., Seite(n)	Rübe, K. H.: „Pferde im Wind". In: Der Pferdefreund. 2016/3, 19–32.
eine Internetseite	„Titelzeile der Seite", Internetadresse, Datum, (Datum d. Aufrufs)	„Pferde", https://de.wikipedia.org/wiki/Pferde, 8.5.18, (2.6.18).

Übung

Zitiere im unteren Schülertext aus dem Text von Klaus Brandt. Füge einen Satz des Texts vollständig in den Schülertext ein und integriere einen weiteren (Teil-)Satz.

Zitat von Klaus Brandt:

„Werbung in Zeitschriften und im Fernsehen ermöglicht es uns einerseits, begründete Entscheidungen bei der Auswahl aus vergleichbaren Produkten zu treffen. Andererseits aber birgt Werbung auch immer die Gefahr, manipuliert zu werden. Sie bewegt uns dazu, Dinge zu konsumieren, deren Besitz überflüssig oder gar gefährlich ist." Brandt, K.: Werbung. München, 2007, 16

Schülertext:

Ein Phänomen, das aus unserem Alltag nicht mehr wegzudenken ist, ist die Werbung in Zeitschriften, im Fernsehen, im Kino und im Internet. Oft unterhält sie uns, manchmal stört sie uns, weil sie den Film, den wir gerade sehen, unnötig unterbricht.
In der Regel erinnern wir uns aber genau und über einen langen Zeitraum an die Inhalte (Slogan, Musik, Handlung usw.) der Werbebotschaft.

Komplexe Aufgaben lösen

?

Immer, wenn es darum geht, eine komplexe Aufgabe zu bearbeiten (z. B. eine umfangreiche Hausaufgabe, ein Referat oder eine Facharbeit), ist es sinnvoll, planmäßig und in kleinen Schritten auf das Ziel hinzuarbeiten. Dabei hilft dir die 4S-Methode: Sammeln – Sichten – Sortieren – Schreiben.

!

So gehst du vor: Die 4S-Methode

1. Schritt: Sammeln

- Erfasse das Thema genau in allen seinen Teilaspekten.
  → „AUFGABENSTELLUNGEN ERFASSEN", S. 14
- Sammle stichwortartig alle Ideen, die du zu diesem Thema hast, auf einem großen Zettel (Brainstorming).
- Sammle Materialien (Texte, Grafiken, Abbildungen usw.), die auf den ersten Blick mit dem Thema zu tun haben.
  → „IN DER BIBLIOTHEK UND IM INTERNET RECHERCHIEREN", S. 30
- Notiere dir auf jedes Material jeweils die vollständige Quellenangabe.
  → „ZITIEREN UND QUELLEN ANGEBEN", S. 42

INFO

Brainstorming
In einem Brainstorming sammelt man alles, was einem spontan zu einem bestimmten Thema in den Kopf kommt, ohne die Einfälle zu ordnen oder zu werten. Erst wenn einem nichts mehr einfällt, untersucht man die verschiedenen Ideen auf die Verwertbarkeit hin, streicht die unbrauchbaren und arbeitet die geeigneten weiter aus.

2. Schritt: Sichten

- Grenze das Thema ein, indem du – wenn möglich – einen Schwerpunkt setzt. Wähle dafür überschaubare Themengebiete und mache deutlich, was genau du untersuchen willst. Vermeide zu allgemein formulierte Themen, z. B.:
  ☹ „Die Eiszeit"
  ☺ „Die Entstehung der letzten Eiszeit und ihre Ausbreitung über Norddeutschland"
- Streiche ungeeignete Ideen von deinem Sammelzettel.
- Lies das gesammelte Material quer.
  → „LESEN I: SKIMMING UND SCANNING", S. 32
- Sortiere ungeeignetes Material sofort aus.
- Suche – wenn nötig – zusätzliches Material zu einzelnen Themengebieten.

3. Schritt: Sortieren

- Erstelle auf einem großen Zettel eine Gliederung für den ersten Entwurf deiner Arbeit.
  - Gliedere sinnvoll und übersichtlich:
    - hierarchisch (Oberpunkte, Unterpunkte usw.), ❶
    - in einer Mind-Map.
      → „EINE MIND-MAP ERSTELLEN", S. 38
  - Beschrifte deine Materialien
    - mit Abkürzungen
      (z. B.: T = Text, Abb. = Abbildung, Zit. = Zitat usw.)
    - und Nummern.
  - Ordne die Materialien den einzelnen Punkten der Gliederung zu, indem du darin die entsprechenden Abkürzungen und Nummern farbig einträgst. ❷
- Lege ein Quellenverzeichnis an.
  → „ZITIEREN UND QUELLEN ANGEBEN", S. 42

4. Schritt: Schreiben

- Bearbeite das tatsächlich benötigte Material ausführlich:
  - Lies alle Texte gründlich mithilfe der 5-Schritt-Lesetechnik.
    → „LESEN II: DIE 5-SCHRITT-LESETECHNIK", S. 34
  - Erstelle geeignete Exzerpte.
    → „EIN EXZERPT ERSTELLEN", S. 40
- Schreibe den ersten (ausformulierten) Entwurf deiner Ausarbeitung.
  → „TEXTE PLANEN, SCHREIBEN, ÜBERARBEITEN", S. 52
- Korrigiere deinen ersten Entwurf gründlich und erstelle die Endfassung.
  → „TEXTE PLANEN, SCHREIBEN, ÜBERARBEITEN", S. 52

Thema: Harry Potter – ein Roman nicht nur für Kinder?

Gliederung

- Einleitung
  1.
  - Inhaltsübersicht über die Geschichte Harry Potters in allen sieben Romanen und dem Buch zum Theaterstück (T 1–3)
  - kurze Darstellung der weltweiten Verkaufszahlen (Abb. 3 + 5)
  - Problemstellung: Wer liest Harry Potter? Warum wird Harry Potter gelesen? (Abb. 1; Zit. 1)
- Typische Merkmale von Unterhaltungsliteratur (T 5)
  - Unterhaltungsliteratur für Kinder und Jugendliche (T 4; Zit. 3)
  - Unterhaltungsliteratur für Erwachsene (T 7) 2
- Definition: „Bestseller“ (Zit. 2; T 5 + 6)
- J. K. Rowling über Harry Potter und seinen Erfolg (Zit. 4 + 5; T 8)
- Exemplarische Analyse des ersten Bands der Harry-Potter-Reihe
  - kurze Inhaltsangabe (T 1)
  - ausgewählte Handlungselemente und ihre Interpretation durch Kinder und Jugendliche (T 1 + 9)
  - ausgewählte Handlungselemente und ihre Interpretation durch Erwachsene (T 1 + 10)
- Untersuchung ausgewählter Vermarktungsstrategien
  - Lesungen der Autorin
    - in Buchhandlungen (Abb. 2; T 8)
    - in Schulen (Zit. 5; T 8)
  - Verfilmung der Romane und Spin-Offs (Abb. 4; T 11)
- Schlussbetrachtung (Zit. 6; T 1 + 11)

Übung

Bearbeite die nächste umfangreiche Aufgabe, die dir in der Schule gestellt wird, mithilfe der 4S-Methode.

Skizzen und Diagramme erstellen

?

Du hast das bestimmt auch schon einmal erlebt: In langen Erklärungen verstecken sich Informationen, die du nicht verstehst, weil dich die vielen Worte verwirren und die Zusammenhänge so nicht nachvollziehbar sind. Oft sind solche Textinformationen recht lang und nur mühsam zu lesen, was das Verstehen auch nicht erleichtert. Wir Menschen sind „Augentiere", d.h., es fällt uns in der Regel leichter, Bilder zu verstehen als lange Texte und Vorträge. Diese Fähigkeit kannst du nutzen, um komplizierte Sachverhalte anschaulicher und damit leichter verständlich zu machen. In der Regel kommen für das Visualisieren alle Formen der Grafiken, also Skizzen, Zeichnungen, Mind-Maps, Diagramme usw., aber auch Fotos infrage.

! So gehst du vor: Skizzen erstellen

Grundsätzliches

Eine Skizze oder Faustskizze ist eine grobe Zeichnung, die du immer dann anwendest, wenn es darauf ankommt, möglichst schnell etwas Wesentliches anschaulich darzustellen. Auf Details und Exaktheit verzichtet man dabei. Faustskizzen erstellt man während eines Vortrags, eines Films, zur Erklärung eines Weges, zur Vorbereitung des Aufbaus einer Grafik oder wenn du eine andere Ausarbeitung vorbereitest. Soll die Abbildung in eine Reinschrift übernommen werden, ersetzt du die Skizze immer durch eine regelgerechte, sorgfältig ausgearbeitete Zeichnung bzw. ein Diagramm.

Achte unbedingt auf gute Anschaulichkeit der Skizze:

- Lege die Skizze in ausreichender Größe an.
- Beschränke dich auf die unbedingt nötigen Details.
- Beschrifte die Skizze nur in den entscheidenden Bereichen.

Beispiel

Skizze einer Wegbeschreibung

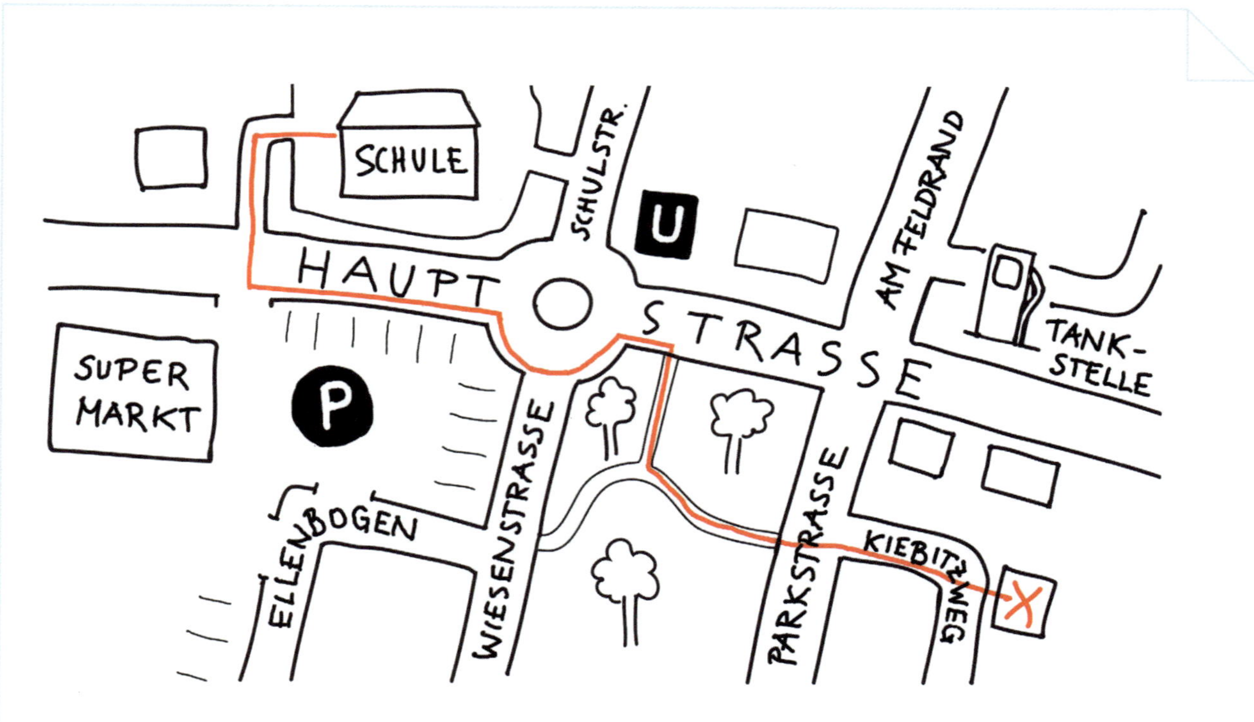

! So gehst du vor: Diagramme erstellen

Grundsätzliches

Man unterscheidet eine Vielzahl verschiedener Diagrammtypen, die z.T. sehr speziell für bestimmte Darstellungen entwickelt wurden. Insgesamt kann man Diagramme in zwei Gruppen sortieren: die Strukturdiagramme, die auf Worten, also mündlichen Berichten oder schriftlich notierten Texten, basieren, und die Datendiagramme, die auf Zahlenwerten basieren, also auf Messungen und Datentabellen. Für den Gebrauch in der Schule sind einige Diagrammtypen von besonderer Bedeutung.

- Wähle immer den Diagrammtyp für deine Darstellung, der deine Informationen am treffendsten wiedergibt.
- Fertige alle Diagramme in angemessener Größe an (mindestens eine halbe DIN-A4-Seite).
- Füge deiner Grafik immer einen Titel als Über- oder Unterschrift zu.
- Achte unbedingt auf optimale Übersichtlichkeit!
  - Beschrifte alle bedeutenden Elemente.
  - Wähle eine angemessene Schriftgröße.
  - Lass genügend Abstand zwischen Beschriftung und Diagrammelementen.
    → „ABBILDUNGEN BESCHRIFTEN", S. 4
- Nutze u.U. verschiedene Farben und kläre ihre Bedeutung in einer Legende.
- Ergänze u. U. Bilder oder Piktogramme.

TIPP

Mache dir zunächst immer erst eine Skizze deines Diagramms auf einem Zettel. Übertrage es erst danach ins Reine.

Diagramme, die nicht auf Zahlenwerten basieren

Ein Strukturdiagramm erstellen

- Erstelle ein Strukturdiagramm, um z. B.
  - Informationen zu gliedern,
    → „EIN PLAKAT ERSTELLEN", S. 56
  - Entwürfe für komplexe Arbeiten zu erstellen.
    → „KOMPLEXE AUFGABEN LÖSEN", S. 44
- Notiere die Oberpunkte und Unterpunkte auf einem Zettel.
- Entscheide dich, wie du diese Elemente anordnen willst (Struktur des Diagramms).
- Zeichne auf ein großes Blatt Papier (min. DIN A4) für jeden Oberpunkt ein Kästchen dorthin, wo es gemäß der gewählten Struktur stehen soll.
  - Achte auf ausreichend Abstand.
  - Beschrifte jedes Kästchen.
- Füge für alle Unterpunkte entsprechende Kästchen hinzu.
- Verbinde die Kästchen mit Strichen.
  Die genauen Beziehungen zwischen Ober- und Unterpunkten müssen klar erkennbar sein!
- Optimiere bei Bedarf die Position der verschiedenen Kästchen.

Beispiel für ein Strukturdiagramm:
Aufbau Argumentation

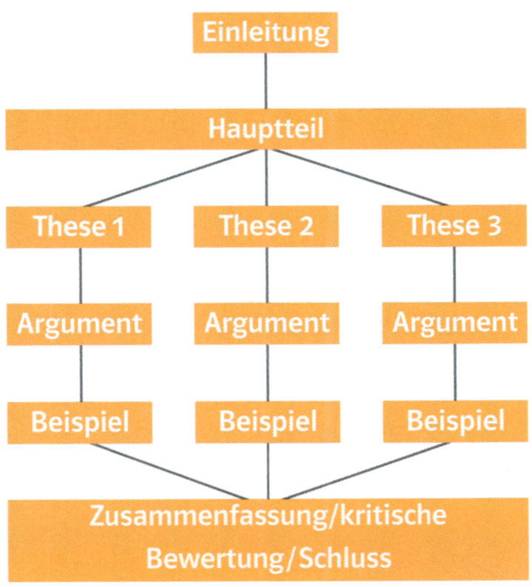

Skizzen und Diagramme erstellen

Ein Pfeildiagramm erstellen

Ein Pfeil- oder auch Flussdiagramm erstellst du am besten, wenn es dir um die Veranschaulichung von Abläufen, Entwicklungen oder Prozessen, Zyklen oder Regelkreisen geht.

- Vergegenwärtige dir, dass jede Entwicklung verschiedene Stadien durchläuft.
  - Notiere die verschiedenen Stadien deines Beispiels auf einem DIN-A4-Papier. Nummeriere die Abfolge der Stadien. ❶
  - Zeichne entsprechend viele Kästchen mit großem Abstand zueinander und beschrifte sie in der festgelegten Reihenfolge mit den Stadien.
- Verbinde die Kästchen jeweils mit einem Pfeil, auf den du den Prozess schreibst, also welche Veränderung vom Stadium links des Pfeils zum Stadium rechts des Pfeils führt. ❷
  - Wenn die Prozesse immer gleich sind, ist es übersichtlicher die Bedeutung des Pfeils in einer Legende unter/neben der Grafik zu notieren. ❸
  - Achte auf gute Übersichtlichkeit, indem du genügend Platz zwischen Stadien und Pfeil lässt!
  - Vermeide bei Verzweigungen die Überkreuzung von Pfeilen.

Beispiel für ein lineares Pfeildiagramm:
Vollständige Insektenentwicklung

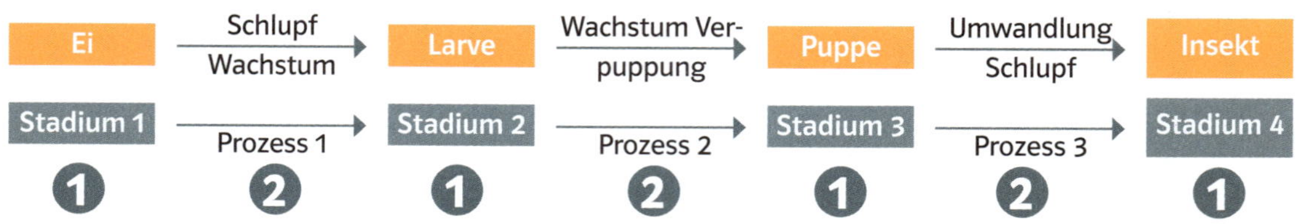

Beispiel für ein zyklisches Pfeildiagramm:
Entstehung der Mondphasen

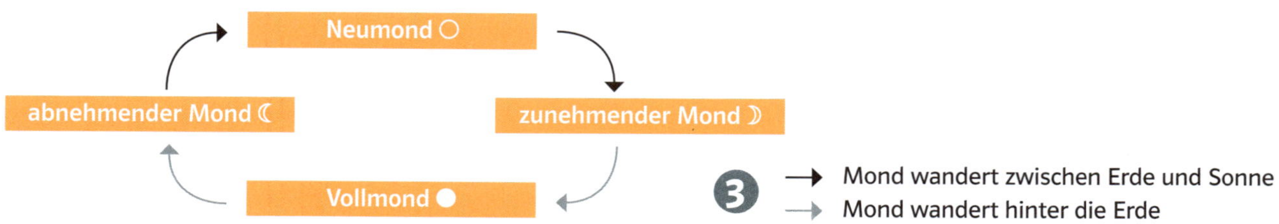

Beispiel für ein verzweigtes Pfeildiagramm:
Wer frisst wen?

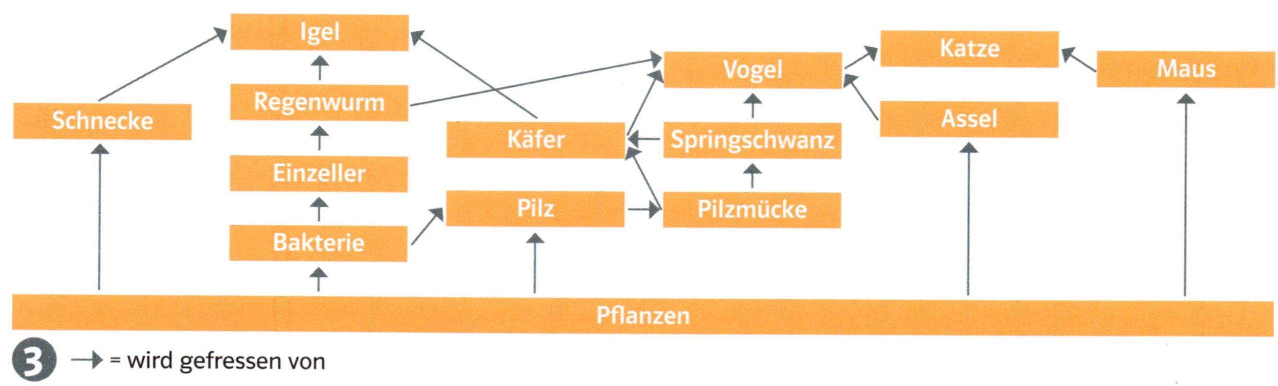

Datendiagramme

Wenn du untersuchen willst, wie z. B. die **Temperatur** vom **Verlauf** der Zeit abhängig ist, führst du eine Messung durch, bei einem anderen Versuch vielleicht eine Zählung. Die gemessenen Werte sammelst du in einer Messwerttabelle.

Die vielen Daten einer solchen Tabelle verdeutlichen die Zusammenhänge allerdings nicht sehr anschaulich. Besser ist es, diese Messwerte in einem Datendiagramm darzustellen. Auch hier stehen dir verschiedene Typen zur Verfügung, die du je nach Bedarf nutzen kannst.

Das Linien-/Kurvendiagramm

Beim Erstellen eines Linien- oder Kurvendiagramms trägst du deine Messwerte in ein Koordinatenkreuz ein und verbindest die entstehenden Punkte mit einer Linie zu einer „Kurve". Der Verlauf dieser Kurve zeigt anschaulich die Eigenschaften und Besonderheiten der Entwicklung der abhängigen Werte auf.

- Zeichne zunächst ein Koordinatenkreuz:
  - Ein langer waagerechter Pfeil stellt die sogenannte „x-Achse" (= Abszisse) dar. Sie steht meist für die „Vergleichsgröße", z. B. die Zeit. Diese Vergleichsgröße kannst du meist einstellen oder vorgeben, wie du willst, um herauszufinden, wie sich dann eine andere Größe im Vergleich dazu verhält. ❶
  - Ein langer senkrechter Pfeil stellt die „y-Achse" (= Ordinate) dar. Sie steht meist für die zweite, die „Untersuchungsgröße", z. B. die Temperatur. ❷
  - Die beiden Achsen sollen sich an ihrem Beginn schneiden (kreuzen); dies ist für beide Achsen der Nullpunkt. ❸
  - Beschrifte die beiden Achsen:
    - Notiere an jeder Achse, welche untersuchte Größe durch sie dargestellt wird. ❹
    - Füge unbedingt in eckigen Klammern die Maßeinheit hinzu, in der du jeweils gemessen hast. ❺
    - Unterteile nun beide Achsen von Null aus in sinnvollen Abstände. ❻
- Trage die Messwerte ein:
  - Finde die Kreuzungspunkte der notierten x-Werte mit den dazugehörigen y-Werten.
  - Markiere diese Kreuzungsstellen mit einem Punkt oder einem kleinen x.
  - Danach verbinde alle Punkte durch eine Linie zu einer Kurve. ❼
- Versieh die Grafik mit einem Titel. ❽

Beispiel für ein Linien-/Kurvendiagramm:

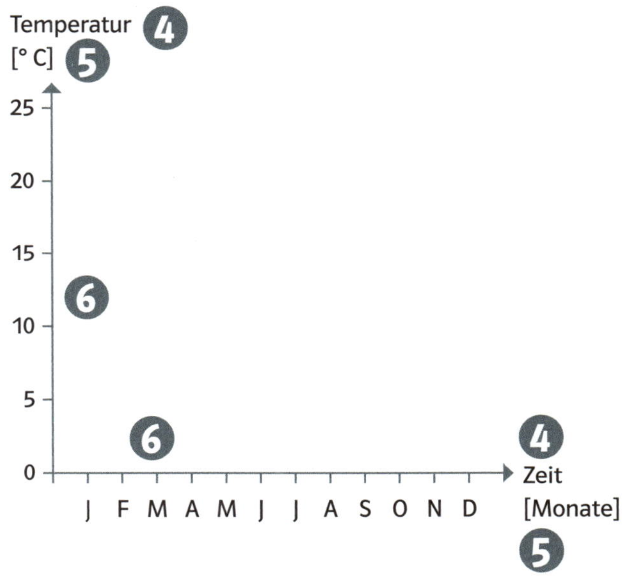

Temperaturentwicklung im Jahresverlauf ❽

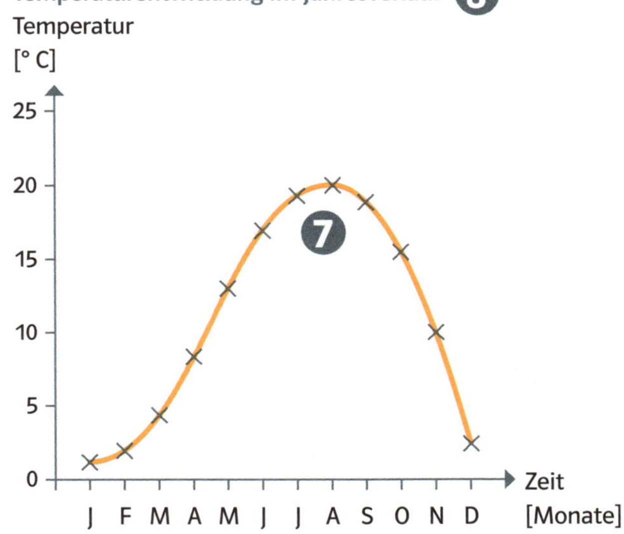

Skizzen und Diagramme erstellen

Das Säulendiagramm

Säulendiagramme nutzt man gerne, um die Veränderung von Gruppen, Mengen oder Portionen darzustellen. Diese Individuen, Portionen, Gruppen oder Mengen stellst du als Säulen auf der x-Achse dar.

- Zeichne dir ein Achsenkreuz.
- Beschrifte die y-Achse: ❶
  - Gib die Untersuchungsgröße an.
  - Notiere die Maßeinheit in eckigen Klammern.
  - Zeichne eine Skala der y-Achse mit sinnvollen Abständen ein.
- Beschrifte die x-Achse: ❷
  Platziere die verschiedenen Vertreter deiner Vergleichsgröße sinnvoll nebeneinander auf der x-Achse. Verdeutliche die Positionen jeweils durch gleichlange, waagerechte Striche auf der x-Achse. Wähle u. U. verschiedene Farben.
- Trage senkrecht über jedem dieser Positionsstriche aus deiner Wertetabelle den dazu gehörigen y-Wert ein und verlängere Anfang und Ende der Positionsstriche zu jeweils einer Säule, die bis an den gemessenen y-Wert reicht.
- Fülle die Säulen u. U. verschieden farbig aus und beschrifte sie oder lege eine Legende an. ❸
- Vergiss nicht, deiner Grafik einen Titel zu geben.

Beispiel für ein lineares Säulendiagramm:

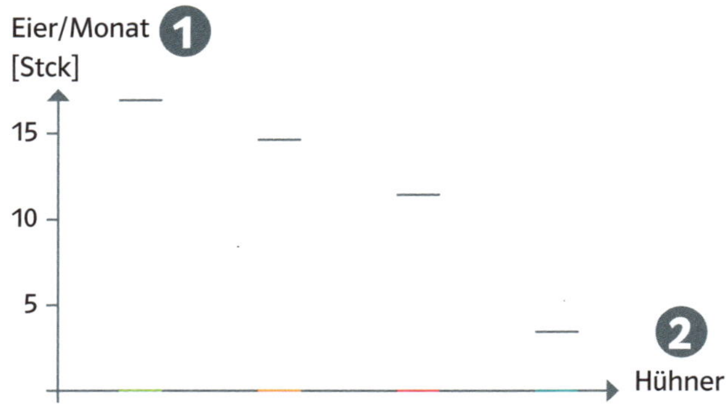

Wie viele Eier legt das Huhn?

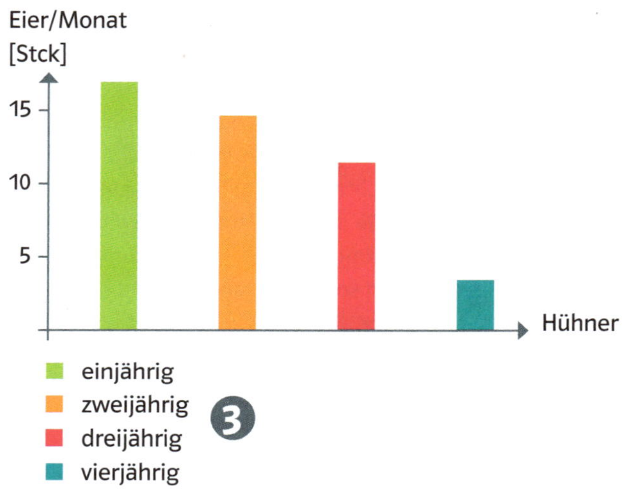

Das Balkendiagramm

Balkendiagramme sind auf der Seite liegende Säulendiagramme. Du erstellst sie, in dem du auf der x-Achse die Untersuchungsgröße darstellst und auf der y-Achse die Vergleichsgröße, also genau umgekehrt zum Säulendiagramm.

Beispiel für ein Balkendiagramm:
Wie viele Eier legt das Huhn?

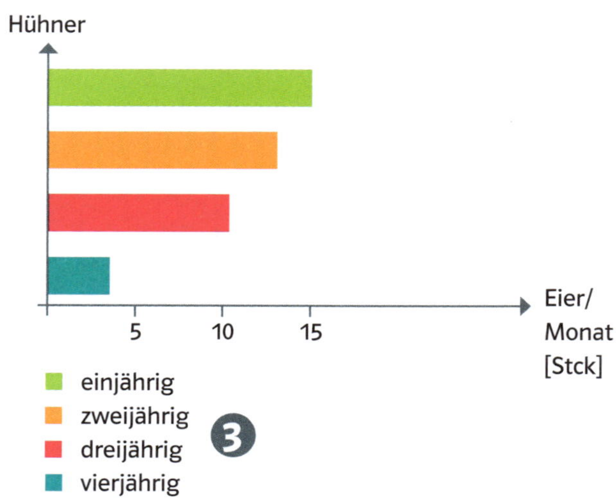

Das Tortendiagramm

Wenn deine Zahlenwerte aus Prozentangaben bestehen, ist das Tortendiagramm eine sinnvolle Darstellungshilfe. Hier werden die Messwerte einer Untersuchung anteilsmäßig in einem Kreis dargestellt. Dabei solltest du berücksichtigen, dass die fertige Grafik wie eine Torte mit verschieden großen Stücken aussieht.

- Vergegenwärtige dir, dass bei der Untersuchung eine 100 %-Messung dem vollständigen Kreis entspricht. Ein Kreis hat 360 Winkelgrade. Dividiert man diese 360° durch 100, dann hat man die Winkelgröße, die für 1 % steht.
- Zeichne mit dem Zirkel einen Kreis und markiere den Mittelpunkt.
- Zeichne eine Nulllinie, an der du deine Einträge beginnst, vom Mittelpunkt auf die Zwölf einer gedachten Uhr. 1
- Rechne die %-Messwerte in Winkelgrade um. 2
- Zeichne mithilfe des Geodreiecks, von der Nulllinie ausgehend, die Abschnitte in ihrer berechneten Größe in den Kreis ein.
- Gib die %-Werte außen am Rand eines jeden Abschnitts an. 3
- Unterscheide die verschiedenen Abschnitte u. U. farblich.
- Füge eine Legende hinzu. 4
- Gib deinem Tortendiagramm einen informativen Titel. 5

Beispiel für ein Tortendiagramm:

Zusammensetzung Müll	%	° 2
Biomüll	18	64,8
Verpackung	26	93,6
Restmüll	27	97,2
Papier	29	104,4
	100	360

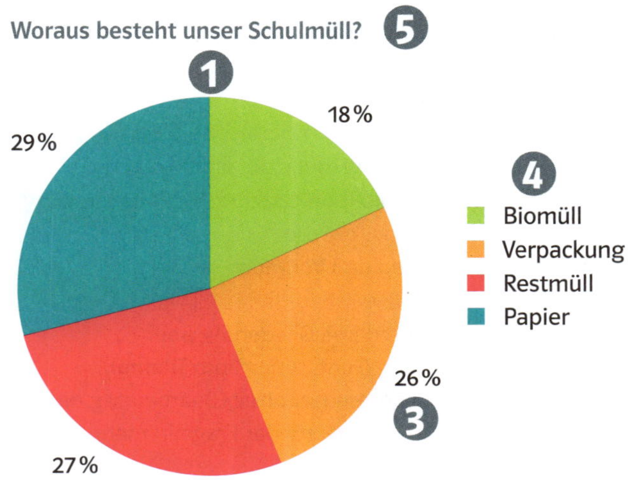

Übung

1. Erstelle ein Strukturdiagramm, in dem du die in diesem Kapitel vorgestellten Diagrammtypen übersichtlich zusammenstellst. Gib Beispiele für die jeweiligen Anwendungsbereiche mit an. Skizziere Piktogramme für die verschiedenen Diagrammtypen und setze sie in dein Strukturdiagramm ein.
2. Überlege, wie du die Mind-Map (→ „EINE MIND-MAP ERSTELLEN“, S. 38) in dieses Schema einordnen würdest.
3. Überlege, welchen Diagrammtyp du für die angegebenen Beispiele jeweils wählen würdest:
   a) durchschnittliche Sonnenscheindauer für jeden Monat in einem bestimmten Jahr
   b) Gruppenbildung in der 7a
   c) Membrandicke eines Luftballons beim Aufblasen
   d) Bodenerwärmung an der Oberfläche und in 15 cm Tiefe im Jahresverlauf
   e) Entstehung und Entwicklung des Universums nach dem „Urknall“
   f) Anteil der verschiedenen Fischarten im Bodensee

Texte planen, schreiben, überarbeiten

?

Wenn es gilt, längere ausformulierte Texte zu schreiben (Hausaufgaben, Portfoliotexte, Texte in Klassen- oder Facharbeiten, für Lesetagebücher usw.), ist es sinnvoll, diese vor dem Schreiben sorgfältig zu planen und nach der ersten Ausformulierung systematisch zu überarbeiten. Du wirst feststellen, dass dieses Verfahren – mit etwas Übung – dazu führt, dass du schneller fertig bist und bessere Ergebnisse erzielst.

! So gehst du vor

1. Schritt: Den Text planen

- Erfasse die Aufgabenstellung bzw. das dir gestellte Thema.
  → „AUFGABENSTELLUNGEN ERFASSEN", S. 14
- Beschaffe, sichte und bearbeite das Material zum Thema.
  → „KOMPLEXE AUFGABEN LÖSEN", S. 44
- Erstelle eine Gliederung. Beachte dabei Folgendes:
  - Stelle einen deutlichen Bezug zur Aufgabenstellung her.
  - Orientiere dich an den Vorgaben der Textsorte, die du verfassen sollst.
    In der Regel wird deine Gliederung aber
    - eine Einleitung (Hinführung zum Thema),
    - einen gegliederten Hauptteil (Bearbeitung der Aufgabe/Beantwortung der Frage in mehreren Teilschritten) und
    - einen Schluss (Zusammenfassung der Ergebnisse und/oder persönliche Stellungnahme)

    haben.

TIPP

Grundsätzlich folgst du beim Schreiben deines Textes deiner Gliederung. Bei der Einleitung, also dem ersten Punkt in deiner Gliederung, kann es allerdings sinnvoll sein, sie erst am Schluss zu schreiben. So kannst du die Einleitung an deinen geschriebenen Text perfekt anpassen.

2. Schritt: Einen ausformulierten Entwurf schreiben

- Folge beim Schreiben dem Verlauf deiner Gliederung.
- Schreibe zügig und ohne dich zu lange an einzelnen Formulierungen aufzuhalten. So vermeidest du Schreibblockaden.
- Lass einen breiten Rand oder beschreibe nur jede zweite Zeile, sodass du Korrekturen später gut leserlich unterbringen kannst.
- Schreibe mit dem Schreibwerkzeug deiner Wahl (Computer, Bleistift usw.).
- Schreibe so, dass du deine Schrift später noch gut lesen kannst, aber verschwende keine unnötige Zeit auf das Layout deines Textes.
- Mache die Gliederung deines Textes durch Absätze bzw. Zwischenüberschriften deutlich.

TIPP

Wenn du deinen Entwurf schreibst, dann markiere gleich gut sichtbar am Rand:
- Textstellen, die dir stilistisch noch nicht gefallen,
- Wörter, bei deren Schreibung du unsicher bist,
- Stellen, an denen dir noch Zitate oder Belege fehlen.

Diese Markierungen helfen dir bei der Überarbeitung.

3. Schritt: Den Entwurf überarbeiten

- Überarbeite deinen Text in mehreren Arbeitsschritten mithilfe der Checklisten (S. 53/54). Im Kästchen rechts in jeder Zeile kannst du abhaken, was du bereits beachtet hast.
- Wähle zur Korrektur einen andersfarbigen Stift.
- Verwende zur Korrektur deines Textes immer die gleichen Kürzel, z. B.:
  - R(echtschreibung)
  - Gr(ammatik)
  - Z(eichensetzung)
  - A(usdruck)
  - W(ortfehler)
  - ←↑→↓ Markierung von nötigen Verschiebungen
  - √ fehlende Wörter
  - _⌐ neuer Absatz
  - (...) auszulassende Passagen oder Wörter

TIPP

Oft hilft es, bei der Korrektur etwas Abstand zu seinem Text zu bekommen. Mache – wenn möglich – zwischen der Korrektur und der Erstellung der Endfassung eine kurze Erholungspause.
Um beim Korrigieren Routine zu bekommen, ist es auch sinnvoll, nicht nur deine eigenen Texte, sondern auch fremde Texte Korrektur zu lesen. (Bei anderen sieht man Fehler immer deutlicher!) Tausche also auch Entwürfe zur Korrektur mit Mitschülerinnen und Mitschülern aus.

4. Schritt: Die Endfassung erstellen

- Schreibe die vollständig überarbeitete Version deines Textes sorgfältig, fehlerfrei und entsprechend der Vorgaben der Aufgabenstellung.
- Benutze Hilfsmittel wie Wörterbuch, Lexikon usw.

Checkliste 1: Inhalt des Textes	✓
Entspricht die Ausarbeitung der Aufgabenstellung? Ist die Ausgangsfrage eindeutig beantwortet worden?	
Ist das Thema (die Zielsetzung bzw. der Untersuchungsschwerpunkt) des Textes klar erläutert worden?	
Hat der Text einen „roten Faden", der sich klar am Thema (an der Zielsetzung bzw. am Schwerpunkt) orientiert?	
Ist dem Leser ohne Probleme verständlich, worum es in der Ausarbeitung geht, auch wenn er das Ausgangsmaterial nicht kennt?	
Fühlt sich der Leser vom Thema und dessen Bearbeitung angesprochen? Ist der Adressatenbezug hergestellt?	
Werden alle schwierigen Begriffe und Fachausdrücke erläutert?	

Texte planen, schreiben, überarbeiten

Checkliste 2: Aufbau/Gliederung	✓
Ist der Text gut erkennbar und leserfreundlich gegliedert?	
Ist die inhaltliche Reihenfolge der Gliederungspunkte logisch bzw. in sich stimmig?	
Sind die einzelnen Abschnitte sprachlich und inhaltlich miteinander verknüpft?	
Wird der Leser durch die einzelnen Abschnitte geleitet, ohne den Bezug zum Thema bzw. Schwerpunkt zu verlieren?	

Checkliste 3: Sprachlicher Ausdruck/Stil	✓
Ist die Wortwahl präzise, unmissverständlich, dem Texttyp angemessen und abwechslungsreich?	
Ist der Satzbau klar und abwechslungsreich?	
Werden die einzelnen Sätze sprachlich abwechslungsreich miteinander verknüpft, sodass ein flüssiger Text entsteht?	
Werden umgangssprachliche Ausdrücke vermieden?	
Werden unnötige Fremdwörter vermieden?	
Werden Wiederholungen und Füllwörter vermieden?	

Checkliste 4: Rechtschreibung; Zeichensetzung/Grammatik	✓
Ist der Text grammatisch fehlerfrei (Tempus, Modus, grammatische Beziehungen, Wortstellung usw.)?	
Sind Rechtschreibung und Zeichensetzung korrekt?	

Checkliste 5: Layout	✓
Ist die äußere Form des Textes ansprechend (Schrift, Rand, Absätze usw.)?	
Entspricht die äußere Form den gestellten Anforderungen (Schriftgröße, Zeilenabstände, Titelblatt usw.)?	
Sind die Gliederungsabschnitte deutlich markiert?	
Sind nachträgliche Korrekturen sauber eingearbeitet?	

Übung

1. Überarbeite die nachfolgende nicht gut gelungene Interpretation des Cartoons.

Der Cartoon bedeutet, dass Kinder nichts im Haushalt machen wollen. Sie benutzen Ausreden und lassen die Arbeit von ihrem Vater oder Mutter machen. Im Cartoon sitzt ein Junge gemütlich auf einem Stuhl. Er sitzt in der Küche. Man sieht einen Tisch. Es ist alles aufgeräumt. Er spielt mit seinem Handy. Hinter dem Jungen steht der Vater neben einem Fenster an der Spühlmaschine. Der Vater sagt zum Sohn: „Du wolltest mir doch helfen. Der Sohn antwortet: „Ich schau mal, ob's dafür 'ne App gibt." Er tut so, als ob er auf seinem Handy nach einer App sucht. Der Junge sagt das aber nur als Ausrede weil er keine Lust zum Helfen hat.

2. Schreibe eine überarbeitete Endfassung der Interpretation.

Ein Plakat erstellen

?

Auf einem Wissensplakat lassen sich in Wort und Bild Informationen zu einem Thema darstellen, die du selbst zusammengetragen und erarbeitet hast. Du kannst damit einerseits Mitschülerinnen und Mitschüler sowie deine Lehrkraft informieren, andererseits hast du aber auch die Möglichkeit, ein Lernplakat zu gestalten, auf dem du all das zusammenstellst, was du zu einem bestimmten Thema noch nicht ganz so sicher beherrschst. Für alle Plakate gilt aber: Deine Informationen müssen richtig und so ausgearbeitet sein, dass sie keiner weiteren Erklärung bedürfen, und sie sollten den Betrachter nicht abschrecken – z. B. durch zu viel Text –, sondern neugierig machen und anlocken.

! So gehst du vor

1. Schritt: Das Plakat vorbereiten

- Kläre dein Thema so genau wie möglich.
- Recherchiere alle Informationen, die du benötigst, sehr gründlich.
  → „IN DER BIBLIOTHEK UND IM INTERNET RECHERCHIEREN", S. 30
- Wähle aus den Materialien auch geeignete Bilder, Grafiken usw. aus, die deine Erarbeitungen anschaulich machen.
- Sammle die wichtigsten Informationen zunächst in einer speziellen Kladde. Füge unbedingt die jeweiligen Quellen hinzu!
- Bearbeite die recherchierten Materialien.
  → „LESEN I: SKIMMING UND SCANNING", S. 32
  → „LESEN II: DIE 5-SCHRITT-LESETECHNIK", S. 34
  → „EIN EXZERPT ERSTELLEN", S. 40
  → „INFORMATIONEN VERKÜRZT AUFSCHREIBEN", S. 16
- Formuliere einen kurzen, aber genauen Titel, der den Schwerpunkt deines Plakats wiedergibt.
- Gliedere dein Thema in Unterthemen und überlege dir jeweils Teilüberschriften.
- Fasse alle Informationen für jedes Teilthema in möglichst kurzen, leicht verständlichen Texten zusammen.
- Wo es möglich ist, stelle die Informationen bildlich dar oder ergänze Bilder, statt lange, komplizierte Texte zu schreiben; z. B.:
  - ein Bild oder eine Skizze ergänzend zur Beschreibung eines Objektes,
  - ein Pfeildiagramm statt eines langen Textes,
  - eine Grafik statt einer Tabelle.
- Formuliere abschließend u. U. eine kurze Zusammenfassung deiner Ergebnisse oder eine fachlich begründete Stellungnahme.

2. Schritt: Den Aufbau des Plakats festlegen

- Überlege dir, durch welche Anordnung der verschiedenen Elemente deines Plakates du Hierarchien und/oder Zusammenhänge deutlich machen kannst.
- Fertige auf einer DIN-A4-Seite eine Planungsskizze deines Plakates an.
- Zeichne ein, wo du Überschriften, Texte, Grafiken, Hinweispfeile usw. auf dem Plakat platzieren willst. Achte darauf, sinnvoll zu gruppieren und Abstände zu lassen!
- Entscheide dich für die Größe deines Plakates.

Beispiele für den Aufbau von Plakaten:

thematische Blöcke

hierarchische Struktur

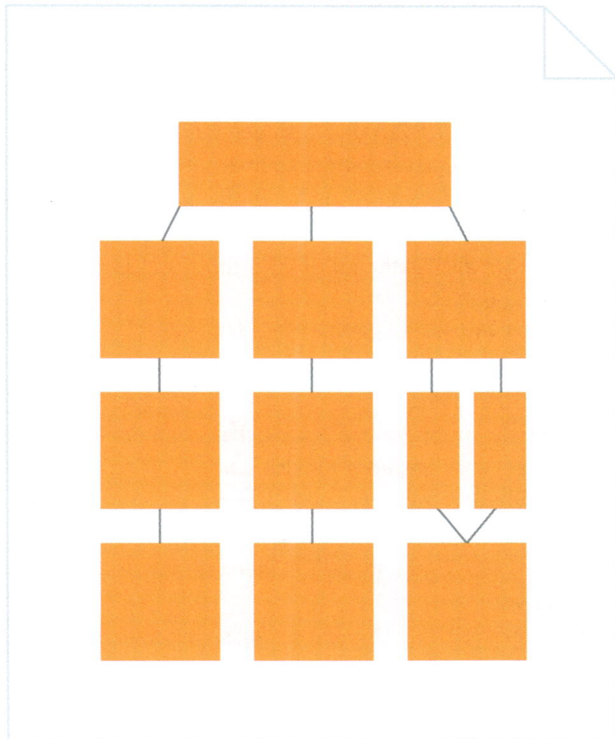

kreisförmig angelegte Darstellung

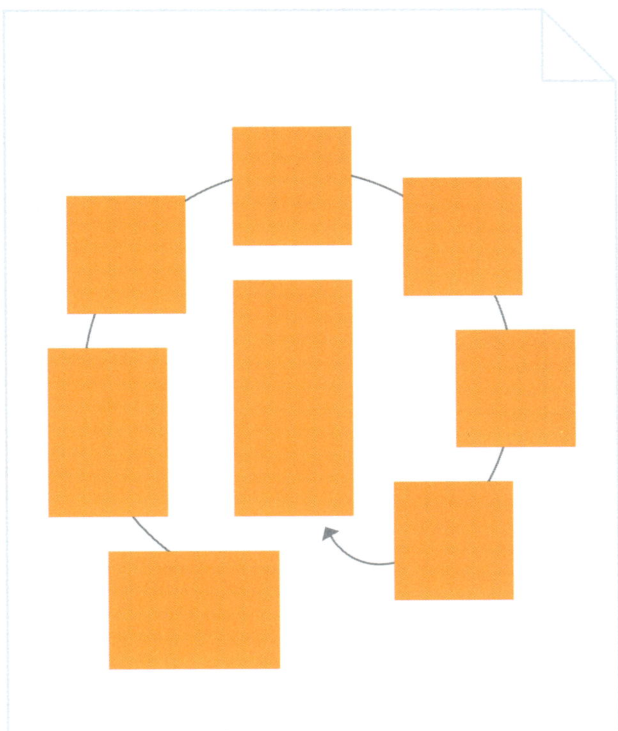

lineare Präsentation

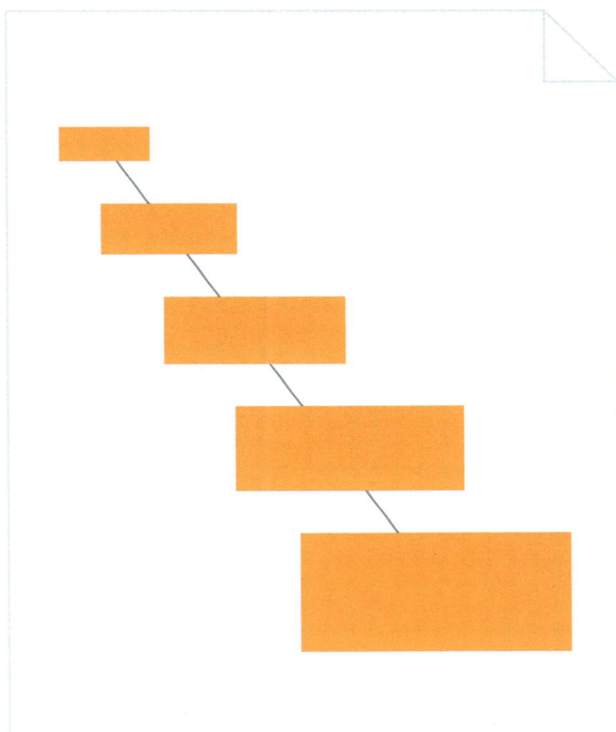

3. Schritt: Das Plakat gestalten

- Zeichne die Position wichtiger Elemente auf dem Plakat mit Bleistift vor.
- Schaffe sinnvolle Abstände, damit das Plakat weder gestopft noch leer, sondern angenehm locker erscheint.
- Setze nur solche Gestaltungsideen ein, die dabei behilflich sind, das Verständnis deiner Informationen zu erleichtern oder von Ferne neugierig auf dein Plakat zu machen!
- Überprüfe alle Texte und Überschriften vor dem Übertragen
  - auf die fachliche Richtigkeit des Inhalts sowie
  - auf richtige Rechtschreibung und Grammatik.
- Dein Plakat sollte auf gar keinen Fall zu textlastig sein! Vermeide umfangreiche Textblöcke. Stelle die Teilthemen lieber getrennt für sich dar.
  - Kombiniere zusammengehörende Textabschnitte und Abbildungen zu Blöcken.
  - Hebe den Titel und die Teilüberschriften deutlich hervor.
  - Unterstreiche u. U. wichtige Aussagen oder Begriffe.
- Wähle eine gut leserliche Schrift und Buchstabengröße.
- Arbeite mit Farben.
  - Stelle verschiedene Kurven, Säulen usw. in Grafiken lieber farbig als schwarz-weiß dar.
  - Verdeutliche deine Gliederung durch Farben: Zusammengehörendes in gleicher Schriftfarbe oder mit gleichfarbigem Hintergrund.
  - Wähle ruhige Hintergründe, auf denen deine Informationen gut zur Geltung kommen.
  - Begrenze die Anzahl der verschiedenen Farben, damit die Wirkung nicht verwirrend wird.
- Jede Abbildung muss mit einem Titel/einer Überschrift, einer Beschriftung/Legende versehen sein! Bei Abbildungen aus dem Internet oder aus Büchern solltest du in kleiner Schrift unter dem Bild die genaue Quelle angeben.

→ „ABBILDUNGEN BESCHRIFTEN“, S. 4
→ „INFORMATIONEN VERKÜRZT AUFSCHREIBEN“, S. 16
→ „ZITIEREN UND QUELLEN ANGEBEN“, S. 42

TIPP

Das Plakat sollte aus 5 m Entfernung neugierig machen, aus 2 m Entfernung gut erkennbar sein und aus 1 m Abstand sollten die Einzelheiten gut lesbar sein.

INFO

Berücksichtige, dass wir spontan immer von links nach rechts und von oben nach unten lesen wollen! Wenn man bei deinem Plakat von dieser Gewohnheit abweichen muss, solltest du das durch deine Gestaltung eindeutig erkennbar machen.

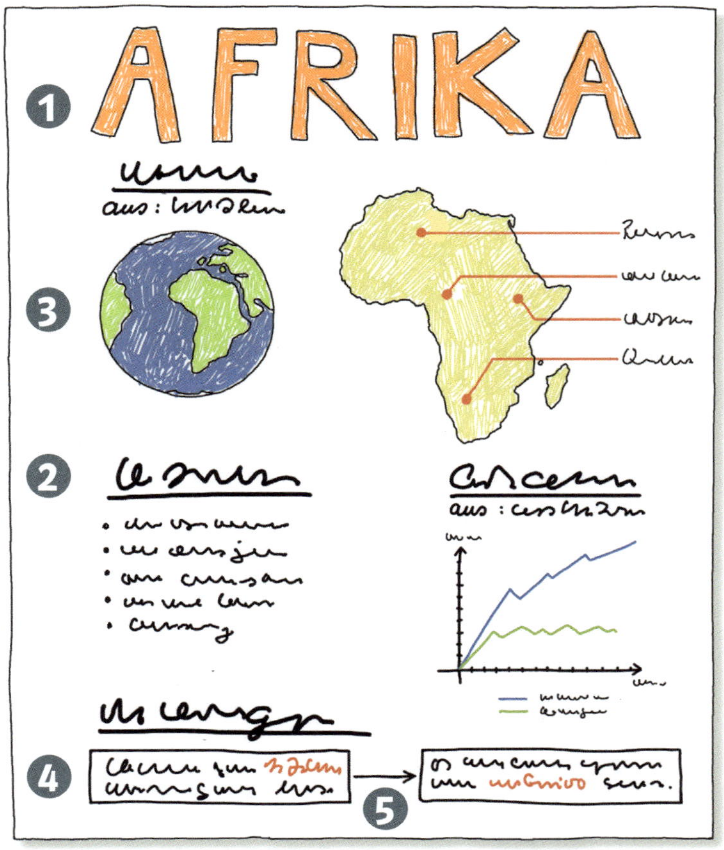

1 Überschrift
- kurz, aber eindeutig formulieren
- gestalterisch hervorheben

2 Texte
- in Blöcken anordnen
- hierarchisch gegliederte Stichworte

3 Bilder und Grafiken
- mit einer erklärenden Bildüber-/unterschrift versehen
- Alle Abb. beschriften!
- Quellen angeben

4 Gestaltungselemente

z. B. Farben, Schriftarten, Schriftgrößen, Rahmen, usw.
- Nur zweckdienlich einsetzen!
- gleiche Gestaltungsmerkmale für gleiche Gliederungsebenen wählen
- wichtige Schlüsselbegriffe hervorheben

5 Symbole
- z. B. Pfeile nutzen, um Zusammenhänge oder Gegensätze zu verdeutlichen

Übung

Überlege dir, wie du eine bestimmte Band, Musikrichtung, Sportart oder deine Lieblingsserie bzw. deinen Lieblingsfilm auf einem Plakat vorstellen würdest. Fertige eine Entwurfskizze des Plakats auf einem DIN-A3-Papier an. Kläre Aufbau, Gestaltung und Platz der Elemente.

Referate vorbereiten und halten

?

Das Vorbereiten und Halten von Referaten ist eine sehr komplexe Aufgabe, die viele verschiedene Arbeitsschritte beinhaltet. Auch hier ist es wichtig, planvoll und systematisch vorzugehen. Einige Arbeitsschritte sind dir schon bekannt, sodass es nur ein paar neue Techniken und Besonderheiten zu beachten gilt.

! So gehst du vor

Arbeitsschritte

Grob lässt sich das Vorbereiten und Halten eines Referats in folgende Arbeitsschritte einteilen:

1. Das Referat inhaltlich vorbereiten
2. Das Referat ausarbeiten
   2.1. Das Konzept erstellen und ausarbeiten
   2.2. Geeignete Medien zur Unterstützung des Vortrags wählen
   2.3. Stichwortkarten erstellen
   2.4. Das Thesenpapier/Handout erarbeiten
3. Das Referat halten
4. Das Referat evaluieren

1. Schritt: Das Referat inhaltlich vorbereiten

Gehe nach der 4S-Methode vor. An dieser Stelle brauchst du aber nur den ersten und zweiten Schritt zu erledigen.
→ „KOMPLEXE AUFGABEN LÖSEN“, S. 44

TIPP

Formuliere insgesamt in einfachen Worten und (hierarchisch gegliederten) Stichworten.

2. Schritt: Das Referat ausarbeiten

2.1. Das Konzept erstellen und ausarbeiten

- Gehe weiter nach der 4S-Methode vor (dritter und vierter Schritt).
  → „KOMPLEXE AUFGABEN LÖSEN“, S. 44
- Erstelle vor der Endfassung (siehe vierter Schritt) zunächst ein Konzept (einen Planungsentwurf) für den Aufbau und den Ablauf deines Referats.
- Hinweise für ein gelungenes Referat:
  1. Nenne das Thema/die Aufgabe und dein Ziel deutlich.
  2. Versuche, das Interesse der Zuhörer durch einen gelungenen Einstieg zu wecken, z. B.:
     - durch provokante Thesen oder
     - durch auflockernde Elemente (Cartoons, ein kleines Experiment usw.).
  3. Erläutere am Anfang kurz deine Vorgehensweise bzw. stelle deine Gliederung vor.
  4. Verteile dein Thesenpapier/Handout am Anfang oder Ende des Referats (siehe S. 66).
  5. Lass Nachfragen zu oder bereite für den Schluss selbst einige Fragen vor.
  6. Mache deinen Vortrag durch Karten, Bilder, Grafiken usw. leichter verständlich, lebhaft und interessant (siehe S. 62).
  7. Erläutere Fachbegriffe sofort – nutze die Tafel, wenn nötig!
  8. Fasse die wichtigsten Punkte deines Referats am Ende kurz zusammen.
  9. Sprich offen bleibende Fragen bzw. inhaltliche Unsicherheiten/Probleme deutlich an.

Übung

1. Markiere die neun Hinweise für ein gelungenes Referat auf Seite 60 in jeweils unterschiedlichen Farben.
2. Lies den folgenden Auszug aus dem Referatsvortrag eines Schülers.
3. Markiere im Referat die Stelle, an der der jeweilige Hinweis beachtet wurde, mit der entsprechenden Farbe.

Thema meines heutigen Referats ist „Die Sicherung des Römisches Reichs durch den Limes".
Dabei werde ich zuerst noch einmal auf das Römische Reich an sich eingehen. Da wir das Wichtigste dazu aber bereits im Unterricht erarbeitet haben, werde ich mich möglichst kurzfassen. Danach erkläre ich den Begriff „Limes" und gebe dann verschiedene Beispiele für die von den Römern erbauten Arten des Limes.
Die wichtigsten Informationen habe ich euch auf einem Handout zusammengestellt; trotzdem solltet ihr euch aber vielleicht einige Notizen machen. Fragen könnt ihr immer dann stellen, wenn ich einen Punkt beendet habe.
Damit ihr euch ein Bild vom Limes machen könnt, möchte ich euch zunächst einmal einen Cartoon zeigen. Hier seht ihr auch schon auf den ersten Blick eine Funktion, die der Limes hatte: Schutz vor Feinden! Aber darauf werde ich später noch genauer eingehen.
Dieser Schutz war nötig, weil die Römer sich bei der Erweiterung ihres Reichs natürlich viele Feinde gemacht haben.
Die Erweiterung des Römischen Reichs – des Imperium Romanum – erfolgte, wie ihr auf dieser Karte gut sehen könnt, nicht …

… demnach lässt sich zusammenfassend also sagen, dass der Limes an allen Standorten dem Schutz gegenüber Feinden galt. Außerdem erfüllte er die Funktion eines Frühwarnsystems. An den Grenzübergängen und in der Nähe der Militärlager entwickelten sich häufig rege Marktplätze.
Leider lässt es sich heute nicht mehr ganz genau klären, in welchen Schritten jeder Limes erbaut wurde und wie lange er im Einzelnen aktiv genutzt wurde. Trotzdem kann man auch noch heute an einigen Orten, wie zum Beispiel im Limes Museum in Aalen, einen guten Einblick in das Leben am Limes gewinnen. Ich würde vorschlagen, wir machen einfach mal einen Ausflug dorthin.

2.2. Geeignete Medien zur Unterstützung des Vortrags wählen

- Setze nur Medien ein, die der Verdeutlichung und Veranschaulichung des Gesagten dienen.
- Verwende möglichst nicht mehrere Medien gleichzeitig – deine Zuhörer werden sonst zu sehr abgelenkt!

Poster/Abbildungen, die ausgehängt, bzw. Gegenstände, die herumgereicht werden
Geeignet für:
- alles, was nicht im Detail betrachtet werden muss.
- alles, was dazu dient, interessante, aber nicht unbedingt notwendige Hintergrundinformationen zu vermitteln.

☺ Viele Informationen können auf einmal vermittelt werden.
☺ Im Vortragsraum kann eine Atmosphäre hergestellt werden, die zum Referat passt.
☹ Der Vortrag muss unterbrochen werden (nicht weiterreden!).

Folien für den OHP/Unterlagen für die Dokumentenkamera
Geeignet für: Bilder, Grafiken, Tabellen, längere Zitate
☺ Die (vorbereitete!) Folie bzw. vorbereitete Unterlagen können schrittweise aufgedeckt werden, sodass nur die Informationen sichtbar werden, die zu einem bestimmten Teil des Referats passen.
☹ Der Raum muss so hergerichtet werden (Sitzplätze, Licht usw.), dass alle die Projektion sehen können.

Tafelanschriebe/Anschriebe auf einem Flipchart
Geeignet für: kurze Informationen, Fachbegriffe, Skizzen
☺ Der Anschrieb kann während des Vortrags entwickelt oder verändert werden.
☹ Lange Anschriebe unterbrechen den Vortrag zu sehr.
☹ Gefahr, dass man die Zuhörer aus dem Blick verliert und mit der „Tafel redet".

Hör- bzw. Sehbeispiele von CD/DVD oder über Internet
Geeignet für:
- längere kompliziertere Abläufe, die man nicht gut selbst erläutern kann.
- alles, wofür die Originalsprache bzw. der ursprüngliche Sprecher wichtig ist.

☺ Der Vortrag wird authentischer und anschaulicher.
☹ Der Raum muss so hergerichtet werden (Sitzplätze, Licht usw.), dass alle gut sehen bzw. das Tonbeispiel gut hören können.

Experimente
Geeignet für: Versuche, die sich mit wenigen Mitteln schnell durchführen lassen

☺ Man kann die Zuhörer mitarbeiten lassen.
☹ Experimente gelingen nicht immer (sofort).

Computer: z. B. PowerPoint, Mediator usw.
Geeignet für: Einsatz vieler unterschiedlicher Materialien (Bilder, Hör- und Sehbeispiele, Texte in Stichworten usw.)

☺ Informationen können schrittweise gezeigt werden, sodass nur die sichtbar werden, die genau zu einem bestimmten Teil des Referats passen.
☹ Der Raum muss so hergerichtet werden (Sitzplätze, Licht usw.), dass alle gut sehen können.
☹ Zu Hause vorbereitete Präsentationen können nicht immer auf anderen PCs geöffnet werden.
☹ Gefahr der Informationsdopplung, d. h., man sagt, was die Zuhörer gleichzeitig in der Präsentation über den PC lesen können.

Übung

Entscheide, welches Medium du in diesen Fällen einsetzen würdest:

Anlass	geeignetes Medium
1. Ein Mitschüler fragt dich während deines Vortrags, wie man einen bestimmten Fachbegriff richtig schreibt.	
2. Du möchtest zeigen, wo verschiedene von dir bereits beschriebene Sehenswürdigkeiten in einer Stadt genau zu finden sind.	
3. Du möchtest verdeutlichen, dass sich die Stimme verändert, wenn man Helium einatmet.	
4. Du hältst ein Referat über verschiedene Akzente in der französischen Sprache.	
5. Du erläuterst den Treibhauseffekt.	

Referate vorbereiten und halten

2.3. Stichwortkarten erstellen

- Stichwortkarten helfen dir dabei,
  - während des Vortrags an alles Wichtige zu denken bzw. alles schnell zu finden,
  - knapp in (hierarchisch gegliederten) Stichworten zu formulieren,
    → „INFORMATIONEN VERKÜRZT AUFSCHREIBEN", S. 16
  - immer die richtige Abfolge einzuhalten,
  - deinen Blick den Zuhörern zuzuwenden.
- Folgende Hinweise solltest du bei der Erstellung der Karten beachten:

❶

❷ 10:25 Uhr ❸ 12

Exkurs: Limes in Britannien

❹
- engl. Name: Hadrianswall
- Verlauf: Carlisle → Newcastle (auf Landkarte zeigen!)
- Material: Steine u. aufgeschüttete Erde
- Funktion:
  - Schutz des Nordens d. röm. Provinz Britanniens
  - "It was built between AD 122 and 127, after Emperor Hadrian had inspected the site, to keep back the Picts." (A. Room: Brewer's Dictionary of Phrase & Fable)
  - "Picts" (anschreiben!): Ureinwohner Schottlands
- Aufbau:
  - ca. 5 m hoch
  - Wachtürme in regelmäßigen Abständen
  - z. T. mit vorliegender Grabenanlage
  - 3 m tief
- Auszug aus Roman "The Eagle of the Ninth" (vorlesen, S. 44)
- Leben der Römer in England

❶
- Karteikarten im Postkartenformat (DIN A6, nicht größer!) verwenden
- jede Karte nur auf einer Seite beschreiben
- Karten in unterschiedlichen Farben für die verschiedenen Teile des Referats verwenden

❷ oben links die Uhrzeit notieren, zu der du diesen Teil deines Vortrags erreicht haben musst, um im Zeitplan zu bleiben

❸ alle Karten oben rechts nummerieren

❹
- zur leichteren Orientierung Farben einsetzen, für bestimmte Dinge immer die gleiche Farbe verwenden, z. B.:
  Rot: Dinge, die du auf keinen Fall vergessen darfst
  Grün: Zitate, die du wörtlich vorlesen willst
  Blau: Fachbegriffe, die du erläutern musst
  Grau: Regieanweisungen bzw. Tipps für dich selbst
  Lila: Beispiele usw., die du auslassen kannst, wenn die Zeit knapp wird
- lesbar und groß genug schreiben

Übung

Diese Karte entspricht nicht den Regeln. Lies sie dir sorgfältig durch und erstelle mit den Inhalten eine Karte, die den Regeln entspricht.

In meinem heutigen Referat zum Thema London werde ich euch etwas über die verschiedenen Sehenswürdigkeiten in London erzählen, die man dort besichtigen kann.
Der Schriftsteller George B. Shaw hat einmal gesagt „When a man is tired of London, he is tired of life." und wenn man sich die vielen Sehenswürdigkeiten in London genauer ansieht, scheint das zu stimmen.
Ich fange mit der wichtigsten Sehenswürdigkeit an – dem Buckingham Palace, in dem die Queen lebt, wenn sie sich in London aufhält.
Auf dieser Folie könnt ihr ein Bild vom Buckingham Palace sehen. Hier seht ihr auch die königliche Flagge, the Royal Flag, die immer dann auf dem Dach zu sehen ist, wenn die Queen tatsächlich in London ist.
Vor dem Buckingham Palace kann man dem „Changing of the Guards" zusehen. Das ist die berühmte Wachablösung, die mehrmals täglich stattfindet. Das habe ich auch schon selbst einmal gesehen und es war sehr interessant ...

2.4. Das Thesenpapier/Handout erarbeiten

- Das Thesenpapier/Handout beinhaltet:
  - den sogenannten „Kopf" mit Informationen über das Thema und dem Namen der Referentin/des Referenten, ❶
  - alle Gliederungspunkte des Referats mit den wichtigsten Informationen zu jedem Punkt, ❷
  - einen Verweis auf alle wichtigen verwendeten Quellen und eventuell Angaben zu weiterführender Literatur. ❸

  → „ZITIEREN UND QUELLEN ANGEBEN", S. 42
- Im Umfang sollte eine (Doppel-)Seite nicht überschritten werden.
- In der Regel wird in Stichworten formuliert.
- Entscheide selbst, ob du das Thesenpapier am Anfang oder am Ende des Referats austeilst.
  Beide Vorgehensweisen haben Vor- und Nachteile:
  - Zu Beginn des Referats:

  ☺ Die Zuhörer können der Gliederung besser folgen.
  ☺ Die Zuhörer können gezielt eigene Notizen (auf dem Thesenpapier) ergänzen.
  ☹ Die Zuhörer sind abgelenkt; sie lesen mehr, als dass sie zuhören.
  - Am Ende des Referats:

  ☺ Die Zuhörer verfolgen den Vortrag aufmerksamer.
  ☹ Die Zuhörer machen zu viele oder zu wenige eigene Notizen, weil sie nicht wissen, welche Informationen sie ohnehin schriftlich erhalten.

❶

Die Sicherung des Römischen Reichs durch den Limes

Thesenpapier zum Referat am 14. April 20...
von Samira Ischraff

❷

1. Einleitung
2. Das Römische Reich (Imperium Romanum)
   - Ausbreitung im gesamten Mittelmeerraum
   - kein zielgerichteter Eroberungsplan
   - Grundidee: Krieg als Rechtsexekution zur Wiederherstellung des vom Gegner gebrochenen Rechts
     - z. B.: 1. und 2. Punischer Krieg
3. Der Limes

3.1. Begriffserläuterung
   - lat.: Grenzweg, Grenze, Grenzwall
   - in der Mathematik: Limes = Grenzwert

3.2. Der rätische Limes
   - Verlauf: Lorch → Regensburg
   - Beschaffenheit: unvollendete Steinmauer, Palisaden, Holztürme
   - Funktion: Kontrolle des „Vorfeldes"; Schutz gegen Feinde; Marktplatzcharakter an den Grenzübergängen; Zollstationen

3.3. Limes Germanicus

5. Schlussbetrachtung

❸ Literatur:

Ziegler, K. (Hrsg.): Der kleine Pauli. Lexikon der Antike. Bd. 3. München, 1975.
„Limesmuseum Aalen", www.limesmuseum.de (10.6.18).

3. Schritt: Das Referat halten

Den Vortrag üben

- Übe den Vortrag deines Referats mithilfe deiner Stichwortkarten mehrmals laut zu Hause, bis die Formulierungen flüssig gelingen.
- Halte eine „Generalprobe" ab, am besten vor Publikum (Eltern oder Freunde).
  Nimm dich dabei, falls möglich, auf Video oder Tonband auf.
- Stoppe beim Üben die Zeit.

TIPP

Du kannst deinen Vortrag auch einmal vor einem Spiegel üben.

Den Raum vorbereiten

- Stelle sicher, dass
  - ausreichend Sitzplätze vorhanden sind,
  - alle benötigten Medien (Kreide, Poster usw.) und technischen Geräte (CD-Player, OHP, Whiteboard etc.) vorhanden sind und funktionieren,
  - man von allen Plätzen aus gut sehen und hören kann,
  - du das Thesenpapier in ausreichender Anzahl kopiert hast.

Das Referat vortragen

- Sprich frei. (Lies nicht von deinen Karteikarten ab!)
- Sprich laut genug, deutlich und nicht zu schnell. Betone Wichtiges und lege kurze Sprechpausen ein.
- Halte Augenkontakt zu deinen Zuhörern.
- Setze Mimik und Gestik bewusst (aber sparsam!) ein.

TIPP

Wenn du beim Vortragen des Referats nervös bist, kann du eine Freundin oder einen Freund anschauen.

Übung

Bereite ein Minireferat zu einem Thema vor, in dem du dich gut auskennst.
Du hast fünf Minuten Zeit für die Vorbereitung und sollst etwa eine Minute lang sprechen.

- Halte das Referat vor einer Partnerin oder einem Partner. Achte darauf, die oben genannten Hinweise zur Sprechweise einzuhalten.
- Deine Partnerin/dein Partner gibt dir Rückmeldung, was du beim Sprechen verbessern kannst.
- Tauscht anschließend die Rollen.

4. Schritt: Das Referat evaluieren

Am Ende eines Vortrags sollten die Zuhörer das Referat und die Vortragsweise der Referentin/des Referenten beurteilen (= evaluieren). Diese Rückmeldung hilft, beim nächsten Referat Fehler zu vermeiden, und teilt ihr/ihm mit, was sie/er schon gut kann.

Checkliste für Referate	☹	😐	☺
Die Referentin/der Referent ... ... hat frei gesprochen.			
... war akustisch immer gut zu verstehen.			
... hat Augenkontakt zu den Zuhörern hergestellt.			
... hat Mimik und Gestik sinnvoll eingesetzt.			
... hat das gesetzte Zeitlimit eingehalten.			
... hat Zusatzfragen beantworten können.			
Das Referat ... ...war klar gegliedert.			
... hat den Bezug zum Thema immer klar hergestellt.			
... hat alle wichtigen Informationen zum Thema immer richtig dargestellt.			
... war thematisch interessant gestaltet.			
Der Medieneinsatz ... ... war sinnvoll.			
... war abwechslungsreich.			
Das Thesenpapier ... ... war klar gegliedert und übersichtlich.			
... war sinnvoll in der Auswahl der Informationen.			
... war anschaulich und informativ.			

Tipps:

Black Smoker

Erst 1977 entdeckten Wissenschaftler bei der Untersuchung des Tiefseebodens bei Galapagos mit dem Forschungs-U-Boot „Alvin“ in fast 3000 m Tiefe die ersten „Black Smoker“ oder „schwarzen Raucher“. Inzwischen hat man sie besonders am Boden im Bereich der ozeanischen Rücken gefunden.
Dort entstehen sie, wenn aus den Tiefen des Erdmantels in diesen Bereichen eine Magmablase besonders weit bis in die Nähe des Tiefseebodens aufgestiegen ist.
In den Tiefseeboden versickert über Risse und Klüfte ständig einiges von dem etwa 2 °C kalten Tiefseewasser, das normalerweise in anderen Bereichen langsam wieder in das Meer zurückgedrückt wird. Über einer Magmablase wird dieses Wasser jedoch bis auf 400 °C erhitzt. Eine Vielzahl verschiedener Mineralsalze aus dem Bodenmaterial löst sich in diesem Wasser. Sind darunter Schwefelverbindungen, färbt sich das Wasser schwarz. Durch den hohen Druck bricht sich das heiße Wasser dann durch den Tiefseeboden und schießt fontänenartig zurück ins Tiefseewasser.
Durch den hohen Temperaturunterschied zum Tiefseewasser kommt es zu einer Schockreaktion: Die gerade noch im heißen Wasser gelösten Stoffe wandeln sich an den Kontaktstellen zum kalten Tiefseewasser spontan in mineralische Feststoffe um, sodass es den Anschein hat, als stiege eine schwarze „Rauchwolke“ auf. Genau betrachtet handelt es sich natürlich nicht um Rauch, sondern um eine Suspension.
An der Austrittsstelle dieser Hydrothermalquelle verbinden sich die Mineralsalze miteinander und bilden in den Kontaktbereichen zum kalten Tiefseewasser eine zunehmend nach oben anwachsende feste, schwarze Röhre. Diese Röhren wirken wie aus dem Tiefseeboden gewachsene Fabrikschlote. Ihre Höhe kann um sechs Meter pro Jahr anwachsen. Die mächtigsten heute bekannten Schlote haben eine

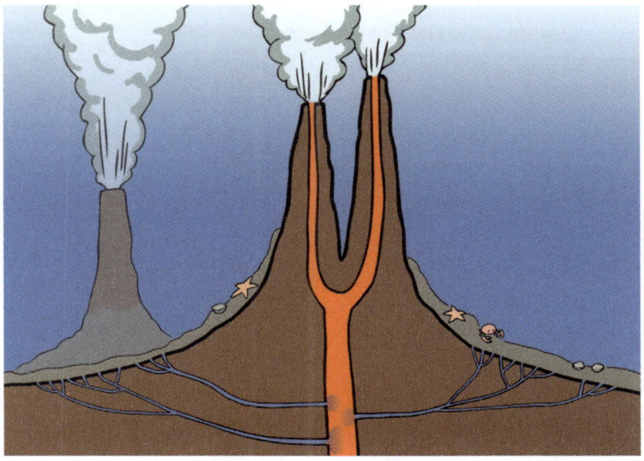

Höhe von 50 m und einen Durchmesser von 180 m erreicht. Erst wenn der „Smoker“ dem Druck des Tiefenwassers nicht mehr Stand hält, weil er zu hoch geworden oder der „Smoker“ erloschen ist, wird er instabil und bricht in sich zusammen. Zurück bleibt dann nur ein Haufen festen Mineralgesteins am Meeresboden.
Die größte Überraschung für die Wissenschaftler stellten aber nicht die „Black Smoker“ dar, sondern die für völlig unmöglich gehaltene Vielfalt verschiedener Lebewesen, die sie hier fanden.
Trotz ewiger Dunkelheit, sehr hohen Druckverhältnissen, geringen Sauerstoffmengen, extremen Temperaturen und einer hohen Konzentration giftiger Schwefelverbindungen wimmelte es an den Wänden der „Smoker“ nur so von Lebewesen: Bakterien bildeten dicke Teppiche, Unmengen von Krebsen, Krabben, Seesternen, Muscheln und Röhrenwürmern tummelten sich im heißen Wasser. Können diese Tiere nicht zu einem benachbarten „Smoker“ umziehen, sterben sie, wenn der „Smoker“ seine Aktivität beendet.
Mithilfe der Erkenntnisse, die die Wissenschaftler inzwischen über diese Lebensgemeinschaften gewonnen haben, versuchen sie, genauere Aussagen über die frühe Entstehung und Entwicklung des Lebens auf unserem Globus zu entwickeln.

Lösungen

5

Bestandteile eines Mikroskops

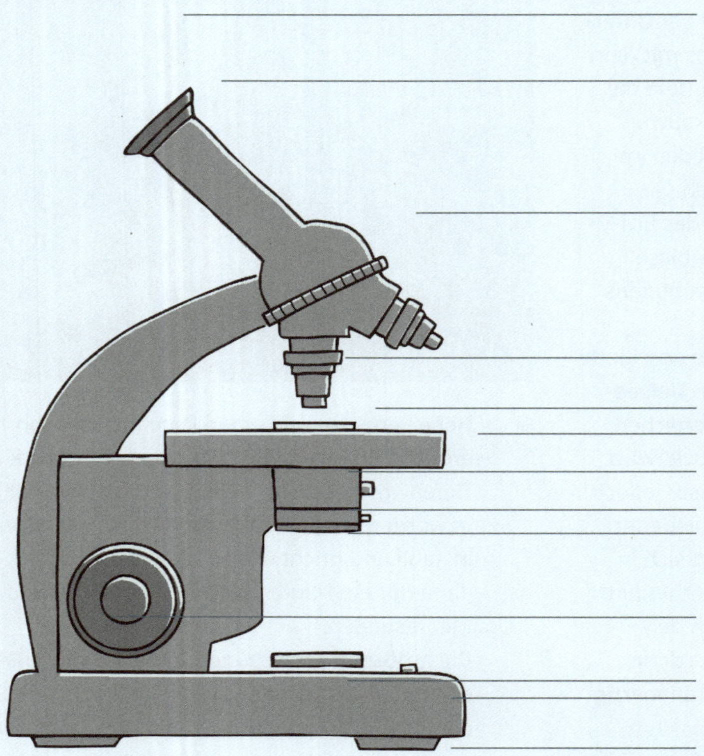

11

Das sind Kirbys Fehler:

- Auf dem Protokollbogen fehlt das Thema.
- Kirby arbeitet nicht mit zwei Farben zur Unterscheidung von Hausaufgaben und Aufgaben für die Schule, deshalb sieht man nicht, auf welche Aufgaben sich ihre Probleme beziehen.
- Kirby holt Aufgaben nicht nach, die sie nicht bearbeitet bzw. gelöst hat, z. B.:
  - Text von CD hören und Fragen beantworten,
  - Aufgabe 5 der Hausaufgabe.
- Kirby gibt sich zu wenig Hausaufgaben auf.
- Kirby verändert ihren Plan nicht, wenn Probleme auftauchen. Am 20.4. arbeitet sie in der Schule gar nicht, nur weil sie die CD vergessen hat.
- Die Aufteilung von Hausaufgaben und Aufgaben für die Schule ist nicht sinnvoll.
  Vokabeln sollten besser in Ruhe zu Hause (oder in der Schule in Partnerarbeit mit gegenseitigem Abfragen) gelernt werden.
- Kirby markiert auch unerledigte Aufgaben (Aufgabe 5 der Hausaufgabe) als erledigt.
- Kirby benennt ihre Probleme bei den Aufgaben zu allgemein. Sie sollte genau angeben, was sie bei der Aufgabe nicht verstanden hat.

15

Analysiere mithilfe des Textes und der Grafik die Wirksamkeit der Geschwindigkeitsbegrenzung von Fahrzeugen auf der Autobahn für die Kohlenstoffdioxidreduktion.
Ergänze deine Ausarbeitung durch eine veranschaulichende, grafische Darstellung der zu erwartenden Reduktion bis 2050.

Arbeitsschritte:

- Bearbeite den Text nach der 5-Schritt-Lesetechnik.
- Erstelle ein Exzerpt mit dem Schwerpunkt „Wirksamkeit der Geschwindigkeitsbegrenzung für die Kohlenstoffdioxidreduktion".
- Werte die Grafik im Hinblick auf die „Wirksamkeit der Geschwindigkeitsbegrenzung für die Kohlenstoffdioxidreduktion" aus:
  - Führt die Begrenzung zu weniger CO_2? (Werte aus der Grafik als Beleg angeben.)
  - Gibt es Ausnahmen (Angaben aus der Grafik)? Was sind mögliche Ursachen für die Ausnahmen?
  - Benenne die Auswirkung der Geschwindigkeitsbegrenzung für die Kohlenstoffdioxidreduktion (Daten/Fakten aus Text und Grafik angeben).
  - Bewerte die Wirksamkeit.

17

So etwa sollte der Merkzettel aussehen:

Verkürzte Notizen – hierarchisch gegliedert

- Überschrift
- Text gliedern
  - je Ebene ein Gliederungszeichen, z.B. ■, –, •
  - kleiner Abstand zwischen Notiz und Gliederungszeichen
  - Notizen in allen Ebenen linksbündig
- Notizen in
  - Stichwörtern
  - Schlüsselwörtern
  - verkürzten Sätzen
  - festgelegten Kürzeln
- Schlüsselwörter markieren
- Gedankensprünge vermeiden

21

Ⓟ Wie verhalten sich Schwefel und Eisen chemisch miteinander?

Ⓗ Da Schwefel und Eisen Feststoffe sind, werden sie ein Stoffgemisch bilden.

Ⓥ Mat. Geräte: Waage, Porzellanschale, Spatel, Keramiknetz, Draht, Brenner
Chemikalien: 7,5 g feines Eisenpulver; 4,3 g feine, klumpenfreie Schwefelblüte

Dfg.
- Versuch nur mit Schutzbrille durchführen
- Eisenpulver und Schwefelpulver vorsichtig – ohne zu reiben – gut mischen
- Gemisch auf Keramiknetz häufeln, andrücken und abflachen, glühende Drahtspitze ins Gemischhäufchen legen (Draht liegen lassen)

Auf.

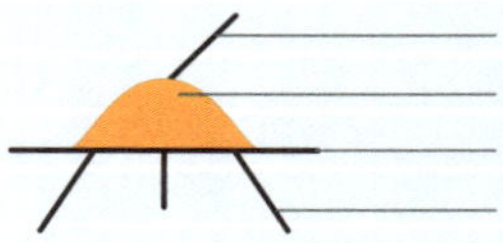

Ⓑ
- Graues Eisenpulver und gelbes Schwefelpulver ergeben ein graugrünes Pulvergemisch.
- Eisenpulver lässt sich leicht mit Magnet anziehen (zieht aber viel Schwefel mit).
- Glühender Draht zündet das Gemisch.
- Gemisch glüht dann selbstständig mit starker Hitzeentwicklung durch.
- Grauschwarzer Feststoff entsteht, der kaum magnetisch reagiert.
- Es bleiben kleine Reste des Gemischs übrig.

Ⓐ Aw.
- Eisen und Schwefel bilden ein Stoffgemisch, denn im Versuch kann man mit einem Magnet Eisen wieder vom Schwefel trennen.
- Zwischen Eisen und Schwefel erfolgt eine chemische Reaktion:
  - wenn sie wie im Versuch gezündet (Aktivierungsenergie) werden;
  - Gemisch glüht stark auf, Licht- und Wärmeenergie werden frei.
  - → Neuer Stoff mit neuen Eigenschaften entsteht: Eisensulfid.
    - Farbe ist schwarzgrau statt hellgrau oder gelb wie bei den Ausgangsstoffen.
    - kaum magnetisch, wie es das Eisen vorher war

Fd.
- übrige Gemischreste nicht reagiert, da zu wenig mit anderen Teilchen festgeklopft
  → nachträglich noch zünden → dasselbe Ergebnis wie Gemisch im Versuch
  → kein Widerspruch zum Ergebnis
- Aktivierungsenergie muss ausreichen, sonst keine Reaktion
  ⇨ alle Merkmale einer chemischen Reaktion vorhanden → chemische Reaktion sicher

Zf. Eisen und Schwefel bilden ungezündet ein Stoffgemisch. Durch Zündung (Aktivierungsenergie) erfolgt eine chemische Reaktion zu Eisensulfid. Eisen + Schwefel → Eisensulfid

3

So könnten die Lösungen aussehen:

1. Mein **V**ater **e**rklärt **m**ir **j**eden **S**onntag **u**nseren **N**achthimmel.
   Merkur – **V**enus – **E**rde – **M**ars – **J**upiter – **S**aturn – **U**ranus – **N**eptun

2. ork soon knie

5

1. **Die Karteikarte enthält folgende Fehler:**
   - Auf der Vorderseite stehen zwei Fragen.
   - Die Fragen sind zu ausführlich formuliert.
   - Auf der Rückseite wird nicht deutlich, welche Begriffe zu welcher Frage gehören.
   - Es wird nicht deutlich, wo die Gelenke liegen.

So könnten die verbesserten Karteikarten aussehen:

Vorderseite	Rückseite
Unterarmknochen des Menschen	Elle: Ellenbogen → kleiner Finger Speiche: Ellenbogen → Daumen
Gelenke am Unterarm des Menschen	Ellenbogengelenk → Oberarm Handgelenk → Hand

9

So könnten deine Begründungen aussehen:

- Diese Mitschülerinnen/Mitschüler verunsichern mich und machen mich noch nervöser.
- Ich kann mich besser auf das Wesentliche konzentrieren und so die volle Punktzahl für meine Lösung erreichen.
- Wenn ich erst im Verlauf der Arbeit frage, wird meine Konzentration unterbrochen und ich muss möglicherweise warten, bis die Lehrkraft Zeit für mich hat.
- Ich gerate nicht so schnell unter Zeitdruck. Der Zeitrahmen sollte der Gewichtung der Aufgabe bei der Gesamtnote entsprechen. Ich habe am Schluss noch genügend Zeit für die Kontrolle meiner Lösungen.
- Ich habe dann schon einmal das Gefühl, etwas geschafft zu haben. Das gibt Sicherheit.
- Ich nutze meine Zeit und erledige die Aufgaben, die ich beherrsche, zügig; die restliche Zeit steht mir dann für die anderen Aufgaben zur Verfügung.
- Die Reinschrift wird übersichtlicher, ordentlicher und geht schneller.
- Ich kann mich dann besser auf das Wesentliche konzentrieren und so die volle Punktzahl für meine Lösung erreichen; ich muss mich später nicht nochmals in die Aufgabe hineindenken, was Zeit kostet.
- Ich habe die Gelegenheit, kurz zu „verschnaufen" und mich auf die neue Aufgabe einzustellen.
- Ich vermeide überflüssige Flüchtigkeitsfehler.

TIPP

Ich kann besonders auf meine persönlichen Fehlerquellen achten. Ich weiß, wonach ich suchen muss.

Lösungen

31

3. Diese Suchbegriffe und Einschränkungen können dir bei der Suche helfen:

- Senner Pferde
- Senner Pferde Besonderheiten
- Senner Pferde Brandzeichen
  Hier hilft es auch, im Bereich „Bilder" zu suchen.
- Detmold
  Hier musst du in den Bereich „Maps"/„Karten" wechseln.

Nützliche Internetseiten, die du finden solltest:

- http://www.senner.de/
- http://www.bs-paderborn-senne.de

33

Arbeitsauftrag	geeignete Lesetechnik	evtl. Stichwörter
Benenne Millers Einstellung zum Einsatz von Pestiziden in der Landwirtschaft.	Skimming (Es geht um die Erfassung der Hauptaussage.)	
Welche beiden Gründe nennt der Autor für den Anstieg der Zahl der Einwanderer in den USA?	Scanning (Gesucht sind zwei bestimmte Begründungen des Autors.)	Einwanderer/Immigranten, Anstieg/Wachstum, USA/Amerika/Vereinigte Staaten, Grund/Ziel/Absicht
Wann schrieb J. W. von Goethe den Roman „Die Wahlverwandtschaften"?	Scanning (Gesucht ist eine einzige Jahreszahl.)	Wahlverwandtschaften, alle Jahreszahlen
Beurteile, ob der vorliegende Text zur Beschreibung der Parfümherstellung geeignet ist.	Skimming (Es geht darum, herauszufinden, ob der Text bestimmte Anforderungen erfüllt.)	
Welche Stationen bei der Herstellung von Weihnachtsmännern nennt die Autorin?	Scanning (Gesucht sind bestimmte Stadien, deren Anzahl begrenzt ist.)	Herstellung/Produktion, Weihnachtsmann, Station, Gliederungssignale (z. B.: **erstens**; **zuerst**; **im nächsten Schritt** usw.)
Nenne die drei wichtigsten Thesen der Autorin.	Skimming (Es geht um die Hauptaussage.)	
Definiere den Begriff „Reptil".	Scanning (Gesucht ist die richtige Definition.)	Reptil, Definition, Kriechtier

5

Lies den Text „Black Smoker“ auf Seite 69 mithilfe der 5-Schritt-Lesetechnik. Die folgenden Aufgaben solltest du anschließend mündlich lösen können.

1. Fasse die Informationen über das Aussehen eines Black Smokers zusammen.
2. Beschreibe die Entstehung eines Black Smokers.

Black Smoker

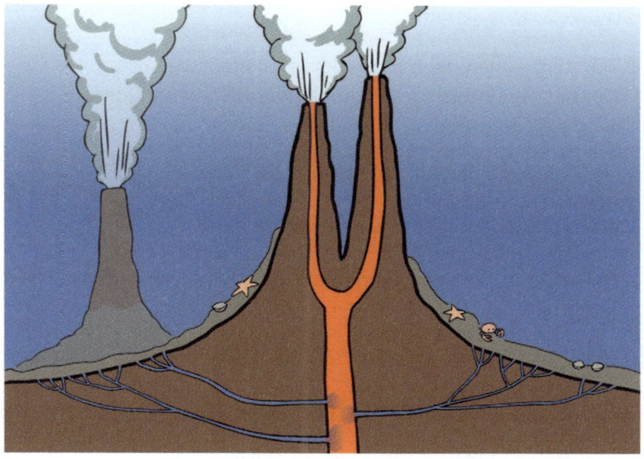

Erst 1977 entdeckten Wissenschaftler bei der Untersuchung des Tiefseebodens bei Galapagos mit dem Forschungs-U-Boot „Alvin“ in fast 3000 m Tiefe die ersten „Black Smoker“ oder „schwarzen Raucher“. Inzwischen hat man sie besonders am Boden im Bereich der ozeanischen Rücken gefunden.
Dort entstehen sie, wenn aus den Tiefen des Erdmantels in diesen Bereichen eine Magmablase besonders weit bis in die Nähe des Tiefseebodens aufgestiegen ist.
In den Tiefseeboden versickert über Risse und Klüfte ständig einiges von dem etwa 2 °C kalten Tiefseewasser, das normalerweise in anderen Bereichen langsam wieder in das Meer zurückgedrückt wird. Über einer Magmablase wird dieses Wasser jedoch bis auf 400 °C erhitzt. Eine Vielzahl verschiedener Mineralsalze aus dem Bodenmaterial löst sich in diesem Wasser. Sind darunter Schwefelverbindungen, färbt sich das Wasser schwarz. Durch den hohen Druck bricht sich das heiße Wasser dann durch den Tiefseeboden und schießt fontänenartig zurück ins Tiefseewasser.
Durch den hohen Temperaturunterschied zum Tiefseewasser kommt es zu einer Schockreaktion: Die gerade noch im heißen Wasser gelösten Stoffe wandeln sich an den Kontaktstellen zum kalten Tiefseewasser spontan in mineralische Feststoffe um, sodass es den Anschein hat, als stiege eine schwarze „Rauchwolke“ auf. Genau betrachtet handelt es sich natürlich nicht um Rauch, sondern um eine Suspension.
An der Austrittsstelle dieser Hydrothermalquelle verbinden sich die Mineralsalze miteinander und bilden in den Kontaktbereichen zum kalten Tiefseewasser eine zunehmend nach oben anwachsende feste, schwarze Röhre. Diese Röhren wirken wie aus dem Tiefseeboden gewachsene Fabrikschlote. Ihre Höhe kann um sechs Meter pro Jahr anwachsen. Die mächtigsten heute bekannten Schlote haben eine Höhe von 50 m und einen Durchmesser von 180 m erreicht. Erst wenn der „Smoker“ dem Druck des Tiefenwassers nicht mehr Stand hält, weil er zu hoch geworden oder der „Smoker“ erloschen ist, wird er instabil und bricht in sich zusammen. Zurück bleibt dann nur ein Haufen festen Mineralgesteins am Meeresboden.
Die größte Überraschung für die Wissenschaftler stellten aber nicht die „Black Smoker“ dar, sondern die für völlig unmöglich gehaltene Vielfalt verschiedener Lebewesen, die sie hier fanden.
Trotz ewiger Dunkelheit, sehr hohen Druckverhältnissen, geringen Sauerstoffmengen, extremen Temperaturen und einer hohen Konzentration giftiger Schwefelverbindungen wimmelte es an den Wänden der „Smoker“ nur so von Lebewesen: Bakterien bildeten dicke Teppiche, Unmengen von Krebsen, Krabben, Seesternen, Muscheln und Röhrenwürmern tummelten sich im heißen Wasser. Können diese Tiere nicht zu einem benachbarten „Smoker“ umziehen, sterben sie, wenn der „Smoker“ seine Aktivität beendet.
Mithilfe der Erkenntnisse, die die Wissenschaftler inzwischen über diese Lebensgemeinschaften gewonnen haben, versuchen sie, genauere Aussagen über die frühe Entstehung und Entwicklung des Lebens auf unserem Globus zu entwickeln.

Lösungen

37

Auswertungsfragen	Auswertung des Kurvendiagramms „Körpertemperatur des Igels im Jahresverlauf“
1. Die Informationen einordnen	
Welches Thema wird behandelt? Was wird dargestellt?	Körpertemperatur des Igels (°C) und Außentemperatur (°C) im Verlauf eines Jahres
Worauf beruhen die Informationen (Bericht, Versuch ...)? Wer hat die Untersuchung durchgeführt? Ist eine Quelle der Grafik angegeben?	regelmäßige Temperaturmessungen an einem Igel und in seiner Umgebung; Quelle unbekannt
Auf welchen Zeitraum bezieht sich die Untersuchung?	August bis Mai (über den Winter)
Wann wurde die Untersuchung veröffentlicht?	–
Welche Informationen (Parameter der x- und y-Achse) werden verglichen?	Körpertemperatur des Igels/Umgebungstemperatur, Jahreszeit
Welche Maßeinheiten wurden für die Werteangaben gewählt?	°C und Tag/Monat
2. Die bedeutenden Informationen beschreiben	
Wie ist der allgemeine Verlaufstrend der Daten?	Umgebung: ■ von 25 °C am 1. Aug. fällt die Temperatur auf ca. 4° C bis zum 1. Nov. ■ Temperatur relativ konstant bis 1. Jan. ■ fällt dann leicht von 5 °C auf – 5 °C bis 15. Febr. ■ bis 1. Mai steigen Temperaturen kontinuierlich bis 17 °C an Körpertemperatur des Igels: ■ Aug. bis Mitte Sept. konstant 35 °C ■ ab Okt. sinkt die Temperatur bis auf 7 °C Mitte Dez. und 5 °C im Jan. bis 1. Febr. ■ am 15. Febr. liegt die Körpertemperatur des Igels bei 35 °C ■ am 1. März wieder bei 7 °C ■ Temperatur steigt ab 1. Apr. über 14 °C auf 35 °C am 15. Apr. und im Mai an
Wie hoch liegen die Maximalwerte?	■ Umgebung: 25 °C im Aug. ■ Igel: 35 °C Aug. – Mitte Sept., 15. Febr. und ab 15. Apr.
Wie hoch liegen die Minimalwerte?	■ Umgebung: Mitte Febr. – 5 °C ■ Igel: Jan. – Febr. 5 °C
Nenne typische/bedeutende Einzelwerte.	■ Umgebung: Temperaturwerte sind durch die Jahreszeit bedingt. ■ Igel: warme Jahreszeit: 35 °C werden nie überschritten; kalte Jahreszeit: 5 °C werden nie unterschritten.
Welche auffälligen Abweichungen vom zu erwartenden Datenverlauf sind zu erkennen?	■ Igel: 15. Febr. 35 °C; für die Jahreszeit zu hohe Körpertemperatur des Igels

Auswertungsfragen	Auswertung des Kurvendiagramms „Körpertemperatur des Igels im Jahresverlauf“
3. Die Informationen auswerten	
Welche Hauptaussage lässt sich formulieren?	In der warmen Jahreszeit hat der Igel immer die gleiche Körpertemperatur von 35 °C. In der kalten Jahreszeit (Herbst und Winter) fällt die Körpertemperatur auf 5 °C ab, unterschreitet diesen Wert allerdings nicht.
Wie lässt sich der Kurvenverlauf/lassen sich die benannten Tendenzen fachlich erklären?	Der Igel überdauert die kalte, nahrungsarme Jahreszeit im Winterschlaf. Dadurch spart der Igel Energie. Sein Winterschlaf wird durch die abnehmende Umgebungstemperatur verursacht. Während des Winterschlafs fällt seine Körpertemperatur höchstens bis 5 °C ab (Jan. und Febr.), auch wenn die Umgebungstemperatur deutlich unter 0 °C liegt (15. Febr.: –5 °C). Mit dieser Temperatur kann sein Körper die kalte Zeit schadlos überstehen. Wenn der Igel aus dem Winterschlaf erwacht (ab Apr.), steigt seine Körpertemperatur langsam wieder auf konstante 35 °C an.
Wie lassen sich die hervorgehobenen Werte fachlich erklären?	Am 15. Febr. muss der Igel wach gewesen sein, dadurch ist seine Temperatur auf 35 °C angestiegen. Am 1. März war er bereits wieder im Winterschlaf, da seine Temperatur bei 7 °C lag.
Welche allgemeine(n) Entwicklung(en) lässt/lassen sich ableiten?	Der Igel reguliert seine Körpertemperatur je nach Außentemperatur und kann auf diese Weise in der nahrungsarmen, kalten Winterzeit kostbare Energie sparen.
4. Die Informationen bewerten	
Kurze Zusammenfassung der wichtigsten Auswertungsergebnisse	Wenn der Igel in Winterschlaf geht, senkt er seine Körpertemperatur ab, um Energie zu sparen. So kommt er leichter mit seinen angefressenen Vorräten über die nahrungsarme Winterzeit. Erst wenn es wieder wärmer wird und auch wieder Nahrungstiere für den Igel vorhanden sind, wacht er aus dem Winterschlaf auf. Seine Körpertemperatur bleibt dann konstant bei 35 °C.
Wie zuverlässig, unabhängig oder tendenziös (z. B. von einer Interessengruppe beeinflusst) ist die Quelle?	Die Grafik ist ohne Quellenangabe. Zur Glaubwürdigkeit kann man daher nichts sagen. Man müsste den Versuch u. U. wiederholen oder mit einer vertrauenswürdigen Quelle vergleichen.
Wie sinnvoll, eindeutig bzw. missverständlich ist die Art der Darstellung (Wertabstände auf den Achsen, Beginn der y-Achse …)?	Die Darstellung der Entwicklungen im Kurvendiagramm ist sehr anschaulich und gut nachvollziehbar.
Welche Anschlussfragen ergeben sich?	Wie lange dauert es, bis ein Igel aufgewacht ist? Was passiert, wenn ein Igel mehrmals im Winter aufwacht? Halten Igel in „Pension“ auch Winterschlaf? Bei welcher Temperatur geht der Igel in den Winterschlaf?

Lösungen

39

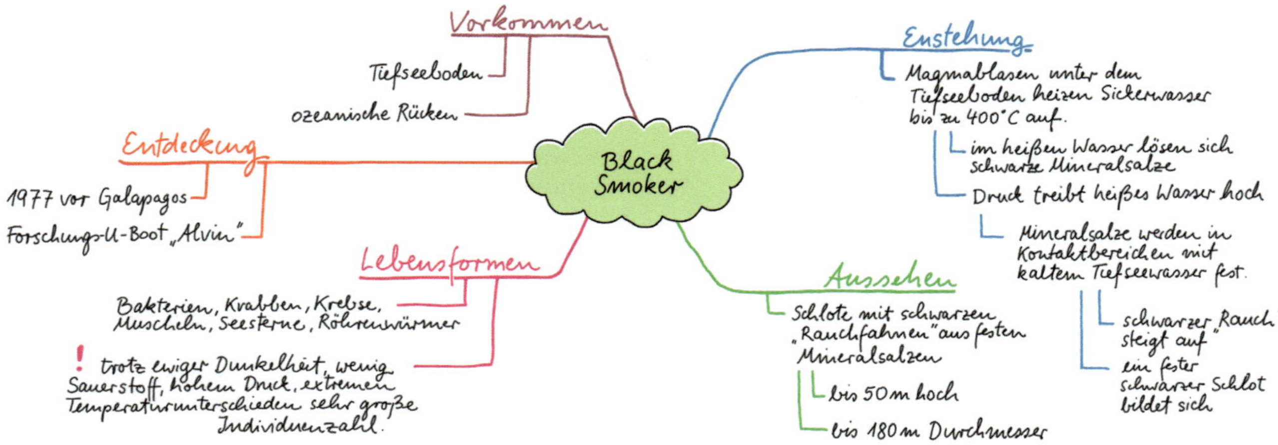

Vorteile:

- Das Hauptthema kann schnell erfasst werden.
- Die grafische Darstellung hilft beim Denken.
- Themen bzw. Ideen lassen sich strukturieren und Zusammenhänge einzelner Punkte einfach darstellen.
- Man sieht auf einen Blick, was schon gut durchdacht wurde und wo noch Lücken sind.
- Eine Mind-Map lässt sich jederzeit, auch später, erweitern.

Nachteile:

- Bei komplexen Themen mit vielen Ästen und Nebenästen kann eine Mind-Map unübersichtlich werden.
- Eine Mind-Map ist oft sehr individuell. Als Außenstehender, der die Mind-Map nicht erstellt hat, muss man sich erst einmal zurechtfinden.

41

1. Es geht darum, den Inhalt des gesamten Textes kurz zusammenzufassen. Deshalb wählst du das Verlaufsexzerpt.

Thema: Black Smoker — Datum: ...
Quelle: „Black Smoker". In: Müller, B. und Stranghöner, K.: Erfolgreich lernen und arbeiten ab Klasse 6. Lern- und Arbeitstechniken, Stuttgart 2018, S. 69.

Exzerpt	Notizen
■ Entdeckung	
▪ im Jahr 1977 durch Forschungs-U-Boot „Alvin"	
▪ bei Galapagos in ca. 3000 m Tiefe im Meer	im Atlas nachschlagen
■ Vorkommen	
▪ Tiefseeboden	
▪ ozeanischer Rücken	
■ Entstehung	
▪ durch Risse sickert ca. 2 °C kaltes Wasser in den Tiefseeboden	
▪ Magmablasen unter dem Tiefseeboden heizen Sickerwasser bis auf 400 °C auf	
▪ im heißen Wasser lösen sich schwarze Mineralsalze	
▪ Druck treibt heißes Wasser hoch ins Tiefseewasser	
▪ Mineralsalze werden in Kontaktbereichen mit kaltem Tiefenwasser fest	
▪ schwarzer „Rauch" steigt auf, eigentlich Suspension	→ Suspension FA! = Stoffgemisch aus Flüssigkeit und fein verteilten Festkörpern
▪ ein fester, schwarzer Schlot bildet sich	
■ Aussehen	
▪ Schlote mit schwarzen „Rauchfahnen" aus festen Mineralsalzen	
▪ bis 50 m hoch, bis 180 m Durchmesser	
▪ bricht zusammen, wenn Schlot zu hoch	
■ Lebewesen	
▪ trotz widriger Lebensbedingungen → Dunkelheit, hoher Druck, geringer Sauerstoff, extreme Temperaturen, giftige Schwefelverbindungen	
▪ Vielzahl an Lebewesen: Bakterien, Krebse, Krabben, Seesterne, Muscheln, Röhrenwürmer	
▪ „Mithilfe der Erkenntnisse, die die Wissenschaftler inzwischen über diese Lebensgemeinschaften gewonnen haben, versuchen sie, genauere Aussagen über die frühe Entstehung und Entwicklung des Lebens auf unserem Globus zu entwickeln."	Zit.

2. **In diesem Fall geht es darum, dem Text bestimmte Informationen zu entnehmen. Das Exzerpt hat also klare Schwerpunkte. Deshalb fällt die Wahl auf das schwerpunktorientierte Exzerpt.**

Thema: Black Smoker Quelle: „Black Smoker". In: Müller, B. und Stranghöner, K.: Erfolgreich lernen und arbeiten ab Klasse 6. Lern- und Arbeitstechniken, Stuttgart 2018, S. 69.			Datum: ...
1. Entstehung		2. Lebensformen in der Umgebung	
Exzerpt	Notizen	Exzerpt	Notizen
■ durch Risse/Klüfte sickert ca. 2 °C kaltes Wasser in den Tiefseeboden ■ Magmablasen unter dem Tiefseeboden heizen Sickerwasser bis auf 400 °C auf ■ im heißen Wasser lösen sich schwarze Mineralsalze ■ Druck treibt heißes Wasser hoch ins Tiefseewasser ■ Mineralsalze werden in Kontaktbereichen mit kaltem Tiefenwasser fest ■ Suspension steigt auf ■ Schlot bildet sich	→ Suspension FA!	■ Vielzahl an Lebewesen: ▪ Bakterien ▪ Krebse ▪ Krabben ▪ Seesterne ▪ Muscheln ▪ Röhrenwürmer ■ trotz widriger Lebensbedingungen ▪ Dunkelheit ▪ hoher Druck ▪ geringer Sauerstoff ▪ extreme Temperaturen ▪ giftige Schwefelverbindungen ■ hieraus Erkenntnisse für frühe Entstehung und Entwicklung des Lebens auf der Erde	→ wichtig für Forschung

3

So könnte die Lösung aussehen:

Ein Phänomen, das aus unserem Alltag nicht mehr wegzudenken ist, ist die Werbung in Zeitschriften, im Fernsehen, im Kino und im Internet. Oft unterhält sie uns und hilft uns „(...) begründete Entscheidungen bei der Auswahl aus vergleichbaren Produkten zu treffen" (Brandt 2007: 16), manchmal stört sie uns, weil sie den Film, den wir gerade sehen, unnötig unterbricht. „Sie bewegt uns dazu, Dinge zu konsumieren, deren Besitz überflüssig oder gar gefährlich ist." (Ebd.: 16). In der Regel erinnern wir uns aber genau und über einen langen Zeitraum an die Inhalte (Slogan, Musik, Handlung usw.) der Werbebotschaft.

51

1. So könnte das Strukturdiagramm aussehen:

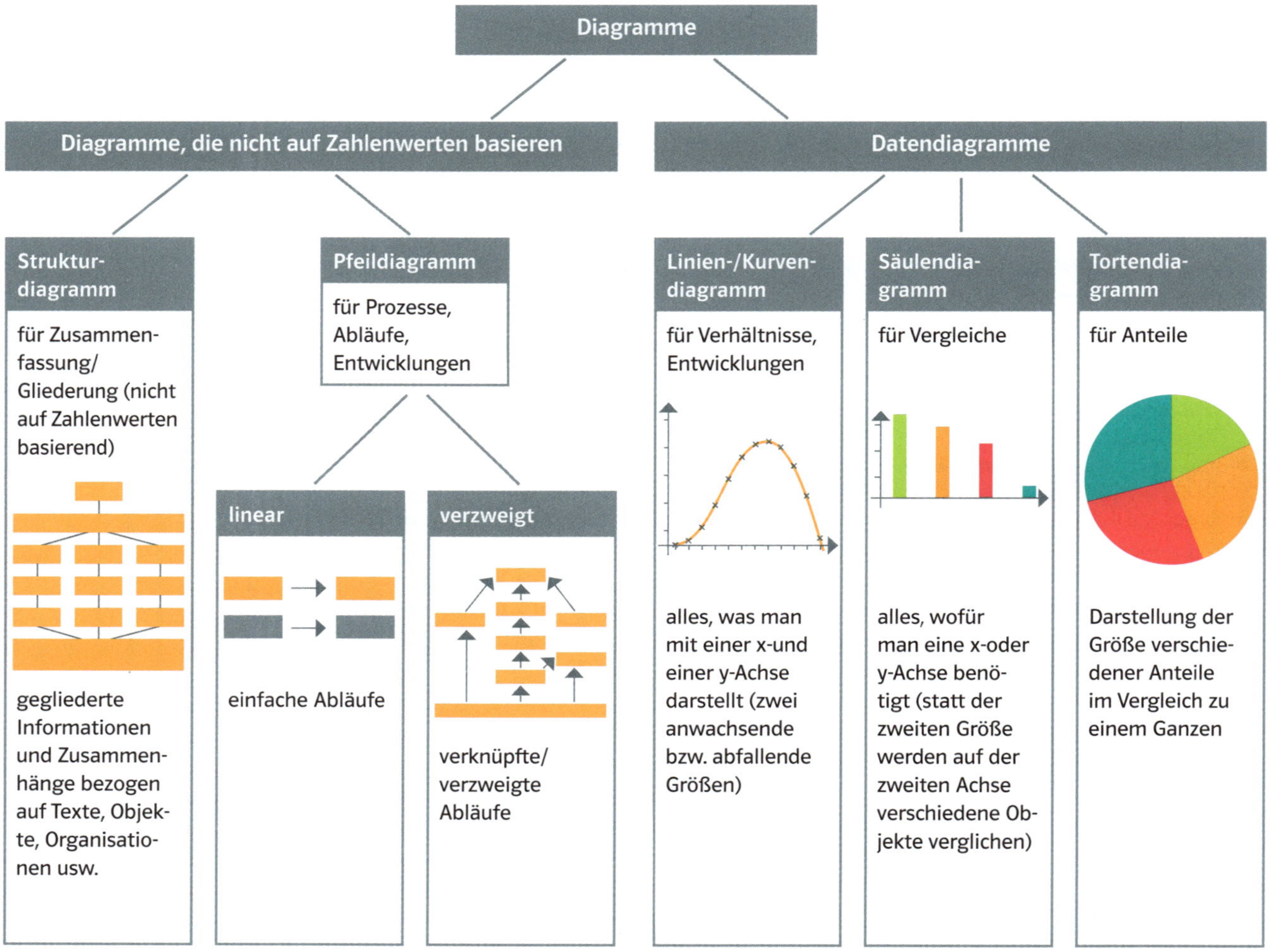

Diagrammtypen

2. Die Mind-Map ist bei den Strukturdiagrammen einzuordnen.

3.
a) Säulendiagram
b) Strukturdiagramm
c) Linien-/Kurvendiagramm
d) Linien-/Kurvendiagramm
e) Pfeildiagramm
f) Tortendiagramm

5

Der Cartoon bedeutet, dass Kinder nichts im Haushalt machen wollen. Sie benutzen	A, A
Ausreden und lassen die Arbeit von ihrem Vater oder Mutter machen. Im Cartoon sitzt	Gr, Absatz fehlt
ein Junge gemütlich auf einem Stuhl. Er sitzt in der Küche. Man sieht einen Tisch. Es ist	Wdh.
alles aufgeräumt. Er spielt mit seinem Handy. Hinter dem Jungen steht der Vater neben	Logik: Wer ist „er"?
einem Fenster an der Spühlmaschine. Der Vater sagt zum Sohn: „Du wolltest mir doch	R
helfen. Der Sohn antwortet: „Ich schau mal, ob's dafür 'ne App gibt." Er tut so, als ob	Z
er auf seinem Handy nach einer App sucht. Der Junge sagt das aber nur als Ausrede	Z
weil er keine Lust zum Helfen hat.	zu ungenau

2. So könnte deine überarbeitete Fassung aussehen:

Der zu interpretierende Cartoon kritisiert auf amüsante Weise, dass Kinder häufig ungern im Haushalt helfen und sich gerne darauf verlassen, dass ihre Eltern diese Arbeit für sie erledigen.

Der Cartoon zeigt einen Jungen, der es sich am Küchentisch gemütlich gemacht hat, was man z.B. an seiner Körperhaltung sieht, und mit seinem Handy spielt. Um ihn herum in der Küche ist alles sehr aufgeräumt.

Hinter dem Jungen sieht man am Fenster den Vater. Er ist gerade dabei, das saubere Geschirr aus der Spülmaschine auszuräumen, und hält einen Teller in der Hand. Der Vater erinnert seinen Sohn: „Du wolltest mir doch helfen." Darauf antwortet der Sohn allerdings: „Ich schau mal, ob's dafür 'ne App gibt."

Es sieht so aus, als würde der Junge auf seinem Handy nach einer App suchen. Dabei wirkt er sehr fröhlich, sodass der Zeichner dem Betrachter deutlich macht, dass der Sohn diese Bemerkung lediglich dazu benutzt, um weiter auf seinem Handy spielen zu können und sich vor dem Ausräumen der Spülmaschine zu drücken.

Man könnte den Cartoon auch so verstehen, dass der Illustrator zeigen will, wie man sich mit einem „coolen" Spruch aus einer lästigen Situation befreien kann. So gelingt es dem Zeichner, dass der Cartoon lustig wirkt.

59

So könnte der Entwurf deines Plakats aussehen:

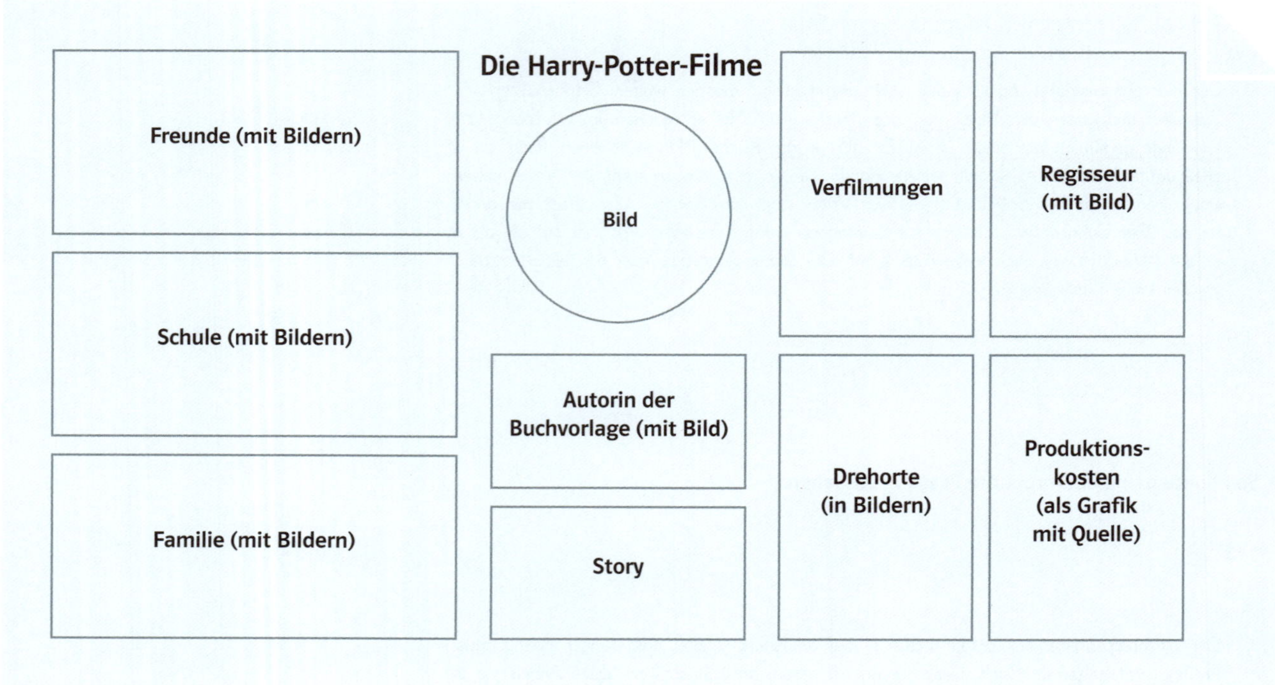

61

Thema meines heutigen Referats ist „Die Sicherung des Römisches Reichs durch den Limes".
Dabei werde ich zuerst noch einmal auf das Römische Reich an sich eingehen. Da wir das Wichtigste dazu aber bereits im Unterricht erarbeitet haben, werde ich mich möglichst kurzfassen. Danach erkläre ich den Begriff „Limes" und gebe dann verschiedene Beispiele für die von den Römern erbauten Arten des Limes. Die wichtigsten Informationen habe ich euch auf einem Handout zusammengestellt; trotzdem solltet ihr euch aber vielleicht einige Notizen machen. Fragen könnt ihr immer dann stellen, wenn ich einen Punkt beendet habe.
Damit ihr euch ein Bild vom Limes machen könnt, möchte ich euch zunächst einmal einen Cartoon zeigen. Hier seht ihr auch schon auf den ersten Blick eine Funktion, die der Limes hatte: Schutz vor Feinden! Aber darauf werde ich später noch genauer eingehen.
Dieser Schutz war nötig, weil die Römer sich bei der Erweiterung ihres Reichs natürlich viele Feinde gemacht haben. Die Erweiterung des Römischen Reichs – des Imperium Romanum – erfolgte, wie ihr auf dieser Karte gut sehen könnt, nicht ...
... demnach lässt sich zusammenfassend also sagen, dass der Limes an allen Standorten dem Schutz gegenüber Feinden galt. Außerdem erfüllte er die Funktion eines Frühwarnsystems. An den Grenzübergängen und in der Nähe der Militärlager entwickelten sich häufig rege Marktplätze.
Leider lässt es sich heute nicht mehr ganz genau klären, in welchen Schritten jeder Limes erbaut wurde und wie lange er im Einzelnen aktiv genutzt wurde.
Trotzdem kann man auch noch heute an einigen Orten, wie zum Beispiel im Limes Museum in Aalen, einen guten Einblick in das Leben am Limes gewinnen. Ich würde vorschlagen, wir machen einfach mal einen Ausflug dorthin.

1. Thema nennen
2. Interesse durch gelungenen Einstieg wecken
3. Vorgehensweise und Gliederung vorstellen
4. Thesenpapier/Handout verteilen
5. Nachfragen zulassen
6. Vortrag durch Karten, Bilder, Grafiken gestalten
7. Fachbegriffe sofort erläutern
8. die wichtigsten Punkte am Ende zusammenfassen
9. offene Fragen bzw. inhaltliche Probleme ansprechen

3

Anlass	geeignetes Medium
1. Ein Mitschüler fragt dich während deines Vortrags, wie man einen bestimmten Fachbegriff richtig schreibt.	Tafel/Flipchart
2. Du möchtest zeigen, wo verschiedene von dir bereits beschriebene Sehenswürdigkeiten in einer Stadt genau zu finden sind.	Poster mit Stadtplan, Online-Karte am Computer
3. Du möchtest verdeutlichen, dass sich die Stimme verändert, wenn man Helium einatmet.	Experiment, das du an dir selbst oder einer Mitschülerin/ einem Mitschüler durchführst
4. Du hältst ein Referat über verschiedene Akzente in der französischen Sprache.	CD oder DVD, Computer
5. Du erläuterst den Treibhauseffekt	eine vorbereitete Folie mit einer Grafik oder eine Folie in PowerPoint, ein kurzes Online-Video

5

Uhrzeit 1

- Thema: Sehenswürdigkeiten in London
- G. B. Shaw: "When a man is tired of London, he is tired of life."

1. Buckingham Palace
   - OHP: Folie mit Bild
   - Flagge: Royal Flag (anschreiben!)
     bedeutet: Queen ist in London
   - Changing of the Guards (anschreiben!)
     - Wachablösung vor dem Buckingham Palace
     - mehrmals täglich
- eigene Erfahrungen

Das Lernen organisieren

Lernmethode oder Arbeitstechnik	Seite	Übung erledigt	Anwendung im Fach	Aufgabenstellung	Datum	Selbsteinschätzung: Ich bin in der Technik noch unsicher.	Selbsteinschätzung: Ich habe die Technik verstanden.	Selbsteinschätzung: Ich kann die Technik sicher anwenden.
Eine Fachmappe oder ein Heft führen	2							
Abbildungen beschriften	4							
In der Gruppe arbeiten	6							
Gespräche führen	8							
Nach Wochenplan arbeiten	10							
Hausaufgaben planmäßig erledigen	12							

Effektiv lernen und arbeiten

Lernmethode oder Arbeitstechnik	Seite	Übung erledigt	Anwendung im Fach	Aufgabenstellung	Datum	Selbsteinschätzung: Ich bin in der Technik noch unsicher.	Selbsteinschätzung: Ich habe die Technik verstanden.	Selbsteinschätzung: Ich kann die Technik sicher anwenden.
Aufgabenstellungen erfassen	14							
Informationen verkürzt aufschreiben	16							
Protokollieren I: Verlaufs- und Ergebnisprotokoll	18							
Protokollieren II: Versuchsprotokoll	20							
Merktechniken anwenden	22							
Mit einer Lernkartei lernen	24							
Prüfungen planen und vorbereiten	26							
Prüfungen schreiben und nachbereiten	28							

Informationen beschaffen

Lernmethode oder Arbeitstechnik	Seite	✓ Übung erledigt	Anwendung im Fach	Aufgabenstellung	Datum	Selbsteinschätzung: ☹ Ich bin in der Technik noch unsicher.	😐 Ich habe die Technik verstanden.	☺ Ich kann die Technik sicher anwenden.
In der Bibliothek und im Internet recherchieren	30							
Lesen I: Skimming und Scanning	32							
Lesen II: Die 5-Schritt-Lesetechnik	34							
Lesen III: Diagramme lesen und auswerten	36							
Eine Mind-Map erstellen	38							
Ein Exzerpt erstellen	40							
Zitieren und Quellen angeben	42							

Informationen visualisieren und präsentieren

Lernmethode oder Arbeitstechnik	Seite	Übung erledigt ✓	Anwendung im Fach	Aufgabenstellung	Datum	Selbsteinschätzung: Ich bin in der Technik noch unsicher. ☹	Selbsteinschätzung: Ich habe die Technik verstanden. 😐	Selbsteinschätzung: Ich kann die Technik sicher anwenden. ☺
Komplexe Aufgaben lösen	44							
Skizzen und Diagramme erstellen	46							
Texte planen, schreiben, überarbeiten	52							
Ein Plakat erstellen	56							
Referate vorbereiten und halten	60							

Impressum

Quellennachweis

U1.1 Adobe Stock (detailfoto), Dublin; U4.1 Adobe Stock (stockphoto-graf), Dublin; U1.2 Adobe Stock (PhotoSG), Dublin; U4.2 Adobe Stock (Kenishirotie), Dublin; 31 Google und das Google-Logo sind eingetragene Marken von Google Inc., Verwendung mit Genehmigung, Mountain View, CA 94043

Sollte es in einem Einzelfall nicht gelungen sein, den korrekten Rechteinhaber ausfindig zu machen, so werden berechtigte Ansprüche selbstverständlich im Rahmen der üblichen Regelungen abgegolten.

1. Auflage 1 7 6 5 4 3 | 30 29 28 27 26

Alle Drucke dieser Auflage sind unverändert und können im Unterricht nebeneinander verwendet werden.
Die letzte Zahl bezeichnet das Jahr des Druckes.

Autorinnen: Barbara Müller; Kirsten Stranghöner

Redaktion: Melanie Bleier
Herstellung: Sandra Bennua

Gestaltung und Satz: Sonja Kislinger; Anne Meyer
Illustrationen: Axel Nicolai; Liliane Oser
Druck: AZ Druck und Datentechnik GmbH, Kempten/Allgäu

Printed in Germany
ISBN 978-3-12-011000-2

9 783120 110002